VIE

DE

J.-B. LECLÈRE

(D'AUBIGNY).

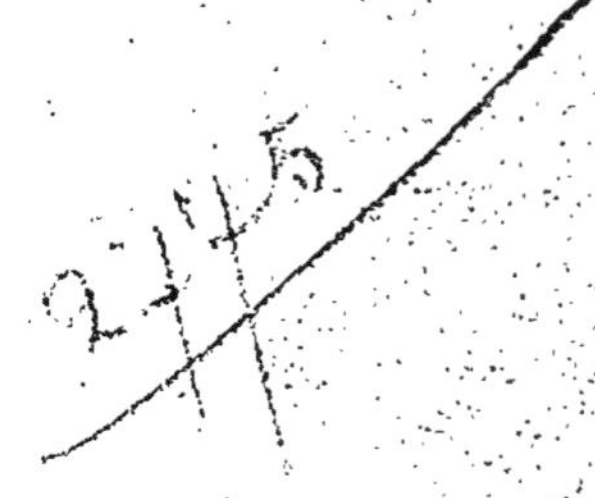

Meaux. — Imp. A. Dubois.

VIE

DE

J.-B. LECLÈRE

(D'AUBIGNY),

AVOCAT, MEMBRE DE PLUSIEURS SOCIÉTÉS SAVANTES,

Mort le 17 avril 1850,

PAR

ANTOINE RICHARD,

Maître de Pension à Aubigny-sur-Nère (Cher).

« Ne pleurez pas : je vous serai plus utile au lieu où je vais que je ne le fus ici. »

(*Paroles de S. Dominique mourant.*)

PRIX : 1 fr.

AUBIGNY-SUR-NÈRE : au Château.
PARIS : PÉRISSE frères, rue Saint-Sulpice, 38.
BOURGES : Just BERNARD.
GIEN : DUBREUIL.

1851.

†

A J.-B. Leclère!

O vous, dont l'amitié, sur la terre, faisait ma joie et mon bonheur, permettez que je confie au public les détails d'une vie si pleine de bonnes œuvres, si édifiante par sa sainteté.

Tant que vous avez accompagné mes pas dans l'exil de ce monde, j'ai gardé le silence que m'imposait votre modestie; mais aujourd'hui que vos vertus sont proclamées par tant de bouches; aujourd'hui que de nombreux chrétiens se prosternent avec dévotion sur la tombe qui renferme votre dépouille mortelle, il est temps de parler.

Depuis plus de vingt ans, nous avons échangé nos pensées les plus secrètes, et nos cœurs, toujours dévoilés l'un pour l'autre, nous dictaient ces entretiens intimes dont le souvenir me sera toujours vivant et précieux. Si je n'avais été ainsi l'indigne dépositaire de ces confidences qui me permettaient de lire dans votre belle âme, comme dans un livre ouvert ; si je n'avais été l'heureux témoin de tout ce que le Ciel a fait pour vous et de tout ce que vous avez fait pour le Ciel, j'aurais cédé à une plume mieux exercée le soin de vous faire connaître. Votre amitié ne l'a pas voulu : elle m'impose la tâche que j'entreprends.

Du haut du ciel où vous conservez, sans nul doute, pour les miens et pour moi, cette affection si tendre dont vous nous honoriez ici-bas, soutenez, dirigez mes efforts. Et puisse, avec le secours de vos prières, le récit de votre vie, si courte et si bien remplie, ramener au divin bercail quelques brebis égarées ! C'est le but unique de ce volume ; c'est la seule récompense que j'ambitionne pour mon modeste travail.

A. RICHARD.

I.

Jean-Baptiste Leclère naquit le 16 septembre 1812, à Aubigny-sur-Nère, diocèse de Bourges. Il eut pour père M. Etienne *Leclère,* d'une ancienne famille du pays, et pour mère : Victoire *Dugenne,* de Saint-Thibault, près de Sancerre. L'union parfaite des époux *Leclère* était citée comme modèle. Possesseurs d'une fortune assez considérable acquise par le commerce des laines, ils célébrèrent avec bonheur la naissance de Jean-Baptiste, qui fut le seul gage de leur tendresse.

Ce fils précieux, que déjà les Anges du Seigneur contemplaient avec amour, avait reçu en partage une beauté remarquable. Son teint blanc et rose, ses yeux d'un bleu céleste, son front développé, siége de ses grandes pensées futures, ses cheveux blonds qui flottaient en boucles ondoyantes sur son cou et sur ses épaules, attiraient tous les regards et donnaient à sa physionomie une expression séraphique.

Tandis que le père, négociant probe, intelligent, actif et laborieux, se consumait en fatigues, en voyages, pour élever l'édifice de sa fortune, Mme *Leclère*, bonne et douce chrétienne, formait aux habitudes religieuses son cher petit enfant. Il commençait à peine à marcher, que déjà les cérémonies du culte catholique avaient frappé sa jeune imagination. On le voyait souvent, avec d'autres enfants de son âge, parcourir processionnellement, et en chantant, les rues de sa ville natale, ou élever des chapelles à l'instar de celles du Jeudi Saint et des reposoirs de la Fête-Dieu. Chose étonnante ! dans ces exercices qui n'avaient pour ses camarades que l'attrait du plaisir, il apportait le sérieux, le recueillement d'un chrétien plein de foi. Sa pieuse mère était bien joyeuse de voir ces amusements de son enfance, et elle demandait à Dieu qu'ils fussent les présages de la piété de son fils. Quelle fut son émotion lorsqu'elle le vit, peu d'années après, solliciter avec instance la faveur de servir le prêtre à l'église !

Bien différent des autres enfants de chœur, il assistait à toutes les cérémonies avec une gravité toute religieuse. On ne le vit jamais se laisser aller, dans le lieu saint, à cette dissipation dont le scandale blesse si souvent les regards des fidèles. Trop jeune encore pour remplir toutes les fonctions cléricales, il s'affligeait de sa faiblesse. Il me semble encore l'entendre me rappeler ses regrets d'enfance : « *Que j'enviais*, me disait-il, *le bonheur de ceux qui, plus robustes que moi, pouvaient porter la Croix ou balancer un encensoir !* »

Lorsque vint le moment désiré de sa première Communion (1825), il put recevoir J. C. dans le tabernacle d'un cœur tout pur et tout resplendissant encore de l'innocence baptismale. A cette époque heureuse, sa ferveur lui inspira un acte de piété auquel on peut attribuer toutes les grâces dont la bonté divine l'a comblé dans la suite. Il avait reçu (sans doute des mains de son Curé) une image de Jésus montrant son Cœur embrâsé d'amour pour les hommes. Au bas de cette petite gravure se trouvaient imprimés ces mots : « *Moi ... je me consacre aujourd'hui pour toujours au Cœur sacré de Jésus.* » Le jeune communiant s'empressa d'écrire, de sa main novice encore, son prénom et son nom de cette manière : « *Moi, Jean-Batiste....* » L'image fut encadrée précieusement et demeura toujours suspendue à la muraille de sa chambre. Elle a été trouvée en dernier lieu dans son cabinet de travail, et c'est la seule qu'il y avait conservée. Elle avait donc un grand prix à ses yeux !

II.

J.-B. Leclère avait à peine franchi les premières années de l'enfance, que déjà l'écriture et la lecture lui étaient devenues familières. Il fit alors partie d'un pensionnat que dirigeait, à Aubigny, un chef recommandable pour sa haute vertu. Les éléments des sciences, qui découragent et épouvantent un grand nombre d'élèves, offrirent un attrait puissant à son âme ardente et avide de savoir. Toujours infatigable, il triomphait en courant des difficultés que présente l'étude. Par son application constante, il devint bientôt un modèle pour tous ses condisciples. C'était toujours avec le silence du respect et de l'attention qu'il écoutait les leçons de ses maîtres; et, si quelque obscurité offusquait son esprit, il ne manquait jamais de les interroger pour éclaircir ses doutes. Dans les récréations, rarement on le voyait participer à des jeux bruyants. Le plus souvent il se promenait à l'écart et trahissait, par sa pose et son front incliné, le penseur qui cherche à se donner carrière. D'autres fois, attaché aux pas de ses professeurs, il savourait avec avidité leurs conversations et les étonnait par ses réflexions d'une profondeur précoce.

Des succès brillants (pour un pensionnat de province) récompensèrent son application d'enfant. Dans des distributions solennelles, spectacles de curiosité pour sa ville natale, la foule admiratrice entendit bien souvent proclamer son nom vainqueur de nombreux rivaux; et le cœur de ses bons parents battit des plus douces émotions en le voyant toujours le plus heureux dans ces fêtes du travail.

Aux facultés brillantes de l'esprit il unissait les qualités du cœur les plus solides et les plus exquises. « Il appliquait lui-même à cette époque de sa vie ce passage du livre de la Sagesse : *J'étais un enfant bien né et j'avais reçu de Dieu une bonne âme.* (Sap. 8.) » Sa sensibilité était extrême ; sa tendresse et sa reconnaissance pour ses bons parents allaient jusqu'à la passion. Toujours affable et complaisant pour ses condisciples, il était aussi plein d'estime et d'affection pour ses maîtres. Le moindre service qu'on pouvait lui rendre lui inspirait une gratitude vivement sentie dont il multipliait les témoignages. Chez lui l'amitié n'était pas un vain nom ; c'était plus que de la sympathie : c'était un dévouement à toute épreuve, une confiance sans limite.

Dès son enfance aussi, on le vit sensible à la souffrance des pauvres, et sa bourse, toujours ouverte à l'indigence, ne se remplissait que pour se vider encore.

Mais si son âme bonne et compatissante montrait, en fait d'amitié et de bienfaisance, l'abnégation la plus entière, elle opposait une fermeté indomptable à tout ce qui pouvait porter la moindre atteinte à la vertu, à la vérité, à la justice. On peut dire de lui, comme du Fabricius païen : « *Qu'il eût été plus facile de détourner le soleil de sa course que de le faire dévier de la ligne du devoir.* »

Ces qualités de sa première adolescence se sont développées avec l'âge et ont produit, sous l'influence de la Foi, ces vertus héroïques qui ont imposé plus tard l'admiration à tous ceux qui l'ont connu.

III.

J.-B. Leclère a déjà franchi la carrière littéraire et scientifique du pensionnat d'Aubigny; l'instant pénible où il doit s'éloigner des caresses d'un père, des tendres soins de sa mère, est arrivé.

Le voilà, à quatorze ans, transporté à Paris pour y compléter ses études. Ses parents auraient préféré l'envoyer au collége de Bourges, pour ne pas trop s'en éloigner; mais il leur demanda avec prière d'aller à Paris, *parce que,* disait-il, *dirigé par des maîtres habiles, il travaillerait davantage et avec plus de fruit.* Pour retarder le plus longtemps possible une séparation cruelle, ses parents voulurent le conduire dans ce voyage. Qu'ils furent douloureux, ces premiers adieux ! Que de larmes, que d'embrassements les accompagnèrent ! Ce souvenir lui était toujours présent : « *Je crois*, me disait-il, *entendre cette lourde grille du Collége se refermer entre mes parents et moi; mon cœur fut comme broyé sous le poids de cette masse de fer.* »

Là, une vie nouvelle que son imagination n'avait pu lui retracer, pesa sur tous ses instants. Au milieu de ce monde de maîtres et d'élèves dont les figures étrangères ne témoignaient pour lui qu'une froide indifférence, il se trouva complètement isolé. Son âme aimante n'ayant personne à qui se donner, se replia sur elle-même ; de là une sombre tristesse qui l'exposa bientôt aux railleries, aux sarcasmes d'une multitude d'enfants. *Cet âge est sans pitié !...* Son innocence eut même à lutter contre les obsessions de condisciples corrupteurs et corrompus. Pour échapper aux tourments de cet enfer, il se réfugia dans le travail avec une ardeur fiévreuse, croyant du moins par là conquérir des succès et obtenir, en dédommagement de tant de peine, l'estime et les encouragements de son professeur. Vain espoir! Pendant près d'une année ses devoirs (soit hasard, soit négligence, je n'ose risquer l'expression) ne furent pas corrigés une seule fois; et ses places de compositions conservèrent d'une manière invariable, à un chiffre près, le rang de l'infériorité. Comme la fourmi dans l'ombre de son souterrain, il s'épuisait en mille efforts pour arriver à une publicité quelconque qui lui échappait toujours. Le découragement vient enfin détruire cette application constante; un chagrin toujours croissant absorbe ses facultés. C'est alors que, dans l'amertume de sa pensée, il se rappelle la douce paix de la maison paternelle sous la garde attentive de ses parents; c'est alors que son esprit lui retrace l'humble pensionnat, théâtre de ses plaisirs et de ses triomphes. Il ne suit plus que machinalement les exercices du Collége; au milieu de Paris, il ne voit plus qu'Aubigny, son berceau. A des journées passées dans le malaise et la tristesse, succèdent des nuits sans sommeil. Là, dans le silence d'un repos général, l'infortuné arrose de ses pleurs cette couche qui ne faisait que varier ses angoisses. Bientôt une langueur indéfinissable abat ses forces de jour en jour; il écrit à ses parents, leur expose sa triste situation et réclame leur présence. Son excellent père vole à son appel: introduit auprès du proviseur, il demande son fils, et s'informe de sa maladie. — « *Votre fils malade ! mais il jouit d'une parfaite santé ; vous allez le voir.* » Ce fils si bien portant parut en effet; mais avec quel étonnement douloureux le vit-on d'une maigreur effrayante, pâle comme un spectre et pouvant à peine se soutenir! Il partit donc avec son père pour aller refaire au lieu de sa naissance, au foyer paternel, sa santé délabrée. Tel fut son début dans le monde.

IV.

Après quelques mois de séjour dans le Berry, J.-B. Leclère, qui avait recouvré ses forces, voulut retourner à Paris pour y continuer ses études. Cette fois, ses parents redoutant pour lui les dangers du Collége, résolurent de le confier à une institution privée. Ils crurent avoir trouvé ce qui leur convenait : c'était un de ces pensionnats, si communs dans la capitale, renfermant deux sortes d'élèves, les uns plus jeunes, tout à fait soumis à la surveillance des maîtres et couchant dans un dortoir commun; les autres, suivant, il est vrai, les cours du Collége, mais ayant une chambre particulière et pouvant sortir à volonté. J.-B. Leclère prit rang parmi ces derniers; il entra dans cette maison sur la fin de septembre de l'année 1828. La Providence, que je ne pourrais trop bénir, l'amenait auprès de moi ; il y avait environ deux ans que j'étais professeur dans cet établissement. Ce fut alors que naquit entre nous une de ces amitiés solides, fondées sur l'estime, et que la religion et le temps ne font que cimenter et accroître. Cette amitié, dont le souvenir fera toujours mon bonheur, ne vit jamais un nuage l'obscurcir un seul instant. Nous nous unîmes l'un à l'autre avec une espèce d'enthousiasme; car j'étais jeune encore, et il voyait à peine éclore la première fleur de sa jeunesse. A partir de cette époque, il s'établit entre nous une intimité qui, ennemie de tout mystère, fit souvent communiquer l'un à l'autre des pensées dont Dieu seul avait le secret. J.-B. Leclère voyait avec appréhension s'ouvrir pour lui la rentrée des classes; la pensée qu'il lui faudrait peut-être encore, comme l'année précédente, travailler sans jamais connaître la valeur de son travail, paralysait son courage. Mais Dieu lui réservait la fin de cette cruelle épreuve; il entrait en rhétorique. Un des membres distingués de l'Université était alors son professeur. La première fois que des copies lui furent remises, il jette les yeux sur l'une d'elles, la parcourt rapidement, tressaille, et s'écrie : *Qui de vous, Messieurs, porte le nom de Leclère?* A cet appel, mon ami se lève avec émotion, rougit, et répond en balbutiant : *C'est moi. — Eh bien! Monsieur,* lui dit le professeur, *je ne crains pas de l'avouer devant tous vos condisciples, votre devoir* (c'était un discours français) *est un petit chef-d'œuvre; continuez, et vous ferez honneur au Collége.* Dès ce jour, l'élève ignoré, l'élève perdu dans la foule, s'élança d'un seul bond au premier rang de la classe et ne le quitta plus. Les éloges de son professeur, comme l'huile jetée sur la flamme, embrâsèrent son âme d'une nouvelle ardeur pour l'étude. Désormais il n'y eut plus pour lui de difficultés insurmontables : il sut réaliser dans toute sa force cette maxime des anciens : *Un travail opiniâtre triomphe de tout.*

Les jours où il devait lire en classe un de ses devoirs d'imagination, étaient attendus avec impatience de ses condisciples ; deux camps s'étaient formés parmi eux : l'un lui était hostile ; l'autre, favorable. Le premier se composait de ces élèves dont souvent l'ambition jalouse n'est servie que par une capacité médiocre; le second renfermait ces élèves loyaux dans leur émulation, franchement admirateurs du mérite même de leurs rivaux. Quand la lecture d'un devoir était achevée, il s'élevait un vacarme épouvantable ; les uns applaudissaient à tout rompre ; les autres témoignaient leur dépit par des sifflets prolongés ; toute l'autorité du professeur suffisait à peine pour apaiser la tempête.

Tandis que je m'applaudissais de vivre près d'un ami dont j'appréciais de plus en plus les rares qualités, un de ces contre-temps si fréquents dans le monde allait peut-être me séparer de lui pour toujours. Le chef d'institution venait de s'adjoindre un associé, et je me voyais obligé de céder la place au nouvel arrivant. L'année était alors dans sa saison la plus rigoureuse ; je ne pouvais compter sur aucun poste vacant ; ma situation était difficile, pour ne pas dire inquiétante. J.-B. Leclère se montra alors pour moi le plus généreux des amis : non content de m'ouvrir sa bourse où je pouvais puiser à volonté, il parvint, par les lettres les plus pressantes, à m'arracher à un repos forcé de plusieurs mois, en me faisant placer dans le pensionnat même de son pays, où bien jeune encore il avait commencé ses études. Ainsi la Providence, dont il était l'instrument, me conduisait à Aubigny pour y devenir l'ami de sa pieuse famille, pour m'y fixer d'une manière honorable, pour y fortifier notre affection, pour y être le témoin des merveilles de sa sainteté, pour assister à ses derniers moments, et peut-être pour y mourir à mon tour, et lui demeurer uni jusque dans la mort. *In morte quoque non sunt divisi.* (2. Reg. 1.)

V.

Le jeune étudiant avait peu à peu, dans la lecture des écrits du philosophisme, perdu cette « docile candeur, » heureux fruit d'une communion fervente; à une foi vive avait succédé l'indifférence, et l'indifférence n'avait pas tardé à faire place à l'incrédulité. Les pensionnaires libres, qui partageaient la même table, achevèrent d'égarer son inexpérience. Leur ton absolu, tranchant, sur toutes les questions scientifiques, morales, politiques et religieuses, les fit passer à ses yeux pour des hommes d'une raison supérieure. D'après leurs conseils, J.-B. Leclère résolut de connaître tous les *chefs-d'œuvre* du scepticisme. Pour ne point nuire à ses travaux du Collége, il dérobait les heures de la nuit à son sommeil. Livré à un travail continu, que l'imagination a peine à concevoir pour un jeune homme de dix-sept ans, il lut successivement les œuvres de *Diderot*, d'*Helvétius*, de *Dupuis*, de *Volney*, et analysa *Voltaire* et *J.-J. Rousseau*. Au milieu de cette étude opiniâtre qui empoisonnait de plus en plus son intelligence, il se trouvait (lui-même me l'avoua souvent) le plus malheureux des hommes.

Les déceptions du monde commençaient à l'assaillir et à lui inspirer une défiance toujours croissante. Ses prétendus amis exploitaient tour à tour sa bonté infatigable. Sous l'apparence d'un emprunt honnête, l'un lui volait ses livres; l'autre, ses hardes; celui-ci, son argent; celui-là, ses papiers pour s'en faire un piédestal dans la littérature. Mais la plus dégoûtante des épreuves lui était réservée. Dans cet établissement était un homme dont l'aspect seul inspirait le respect; c'était un vieillard qui portait la physionomie d'un patriarche. Une noble et douce sérénité était empreinte sur sa figure; un front chauve et de longs cheveux blancs en rehaussaient l'auguste majesté ! Cet homme, sous le masque des vertus, cachait tous les vices au fond de son cœur. Il ne rougit point d'avouer à son candide élève la plus infâme passion, et de le solliciter à un crime horrible. A cette ignoble manifestation, J.-B. Leclère, qui avait conservé la pureté du cœur dans les ténèbres de l'incrédulité, se révolte et s'indigne; il repousse, en frémissant, de sa présence le vieux fils d'Adam si dégradé, et se hâte d'écrire à ses parents ces quelques lignes : « *Mes chers parents, avant vingt-quatre heures je serai dans vos bras. Rassurez-vous; ce n'est point la perte de mon honneur qui me fait fuir Paris; c'est, au contraire, pour le sauver, que j'accours auprès de vous; vous saurez tout.* »

Comme on s'opposait à sa sortie, il s'écrie qu'il fuira par les fenêtres plutôt que de rester plus longtemps. Et en effet, malgré l'étroite surveillance dont il est l'objet, il s'échappe furtivement, et va loin de la capitale demander du repos à la maison paternelle.

VI.

Après avoir passé quelques mois au sein de sa famille, J.-B. Leclère, dominé par la double passion de la science et de la gloire, résolut de retourner à Paris pour y continuer le cours de ses études. Ne voulant plus s'astreindre au régime des Colléges dont il gardait encore un souvenir plein d'amertume, ne regardant qu'avec une défiance insurmontable les institutions particulières, il demanda à son père la faculté de s'établir seul dans une chambre, et d'assister aux leçons de ses professeurs, comme externe libre ; en un mot, de ne reconnaître que sa conscience pour censeur et modérateur de sa conduite. A cette proposition de leur fils si jeune encore (il n'avait que dix-sept ans), les parents éprouvent une hésitation bien naturelle. Laisseront-ils leur enfant s'engager seul dans cette ville immense, centre de perdition pour une jeunesse imprudente et légère ?....

Le fils fait cesser toute incertitude, en leur demandant pour mentor un jeune homme plus âgé que lui, avantageusement connu de la famille, et en promettant avec énergie qu'il sera toujours digne de leur confiance et qu'ils n'auront jamais à rougir de lui. Il obtint enfin ce qu'il désirait si ardemment et revint à Paris s'établir rue des Postes, non loin de l'église de Saint-Etienne-du-Mont. L'événement prouva que le père avait bien jugé son fils, qui fut toujours fidèle à sa promesse, et devint bientôt le guide et le conseiller du mentor qu'il s'était choisi.

J.-B. Leclère, délivré des ennuis qui jusqu'ici l'avaient obsédé, se plongea dans l'étude avec une ardeur toute nouvelle. Son nom fut appelé plusieurs fois à la distribution des prix du Collége dont il suivait les cours. Choisi parmi ses condisciples pour le *grand concours*, il manqua le prix d'honneur de rhétorique parce qu'à l'heure dite il lui restait deux ou trois lignes à écrire. Sa copie donnée une seule minute trop tard ne fut pas reçue ; son professeur qui faisait partie du comité de correction, ayant pris connaissance de son devoir, lui assura, avec le plus vif regret, que sa composition l'emportait de beaucoup sur celles de ses rivaux. Mais la Sorbonne avait prononcé; et ses arrêts n'admettaient ni modification, ni rappel.

L'étude de la Philosophie, dont la sécheresse rebute un si grand nombre de jeunes gens, eut un attrait tout particulier pour son esprit sérieux et méditatif. Il subit d'une manière brillante les épreuves du baccalauréat. Comme il ne pouvait répondre à une question qui, certes, n'était pas dans le programme, et que lui adressait un de ces hommes qui se plaisent avec malignité à faire de l'érudition aux dépens des élèves, notre jeune athlète osa lui soumettre une question à son tour. Le superbe interrogateur embarrassé, en butte aux rires étouffés d'une assistance nombreuse, se débattit vainement sur son siége doctoral pour trouver une réponse que lui fournit bientôt J.-B. Leclère. Au sortir de la séance, le nouveau bachelier fut entouré par une multitude d'étudiants qui le félicitaient avec chaleur de les avoir si bien vengés.

Ses parents désiraient le voir entrer dans la carrière du barreau. Malgré l'éloignement qu'il ressentait pour l'étude du Droit, surmontant ses répugnances, il s'y appliqua de tout cœur, acheva son cours, et reçut le diplôme d'avocat. Pourtant il ne fit jamais entendre sa voix dans l'enceinte des tribunaux; son extrême probité lui faisait redouter une carrière honorable, semée de tant d'écueils. *La cupidité*, disait-il, *offre un champ si vaste dans le barreau, qu'il est bien difficile, pour ne pas dire impossible, de résister toujours à ses séductions*. Il rejeta donc sans retour cette condition si effrayante pour ses scrupules, au grand regret de ses parents et des amis qui savaient l'apprécier. Doué d'une élocution facile et brillante, d'une logique vigoureuse et serrée, d'une éloquence pleine de feu et d'entraînement, il possédait toutes les qualités requises pour convaincre, plaire et toucher. Dans plusieurs conférences, lorsqu'il n'était encore qu'élève en Droit, il avait déjà donné des preuves de ce qu'il pouvait faire, en mettant à néant les arguments de la partie adverse, et en la forçant d'avouer sa défaite. Le monde l'appelait au barreau, le monde lui montrait déjà la palme qu'il allait conquérir; mais Dieu, qui en avait décidé autrement, lui réservait une autre palme incorruptible : la palme des vertus chrétiennes.

VII.

Les études préparatoires pour le baccalauréat, celles du Droit, n'avaient pu absorber tout son temps ; il en trouvait encore pour se livrer aux œuvres les plus difficiles de la littérature. Il avait déjà composé deux drames, ayant chacun cinq actes; le premier portait pour titre : *le Fantôme ;* il était en vers. Le second, en prose, était intitulé : *Rancœur* ou *les ombres*.

Un nom terriblement historique fournit encore à sa jeune imagination la matière d'un de ces drames à grandes catastrophes qui attiraient alors aux théâtres une foule avide d'émotions. Après en avoir jeté le plan et travaillé la charpente avec soin, il court présenter son essai au chef marquant de l'école littéraire qui avait sa prédilection. Le poëte souverain qui s'arrogeait le titre de protecteur des jeunes talents, reçoit J.-B. Leclère avec son affabilité stéréotypée ; il daigne l'interroger sur la mise en action de son drame, sur ses ressources théâtrales, et lui demande quelques jours pour examiner le manuscrit. Le cœur palpitant d'espérance, J.-B. LECLÈRE revient trouver, au jour marqué, l'homme éminent dont l'accueil si aimable excite encore sa reconnaissance. Le génie du jour sourit à son jeune ami, lui presse la main avec effusion, le fait asseoir auprès de lui : « *J'ai lu,* lui dit-il, *avec beaucoup d'intérêt votre essai ; il renferme de grandes beautés ; il porte les germes d'un véritable talent ; mais le sujet que vous voulez traiter est si vaste, est si compliqué qu'il pourrait effrayer l'écrivain même le plus exercé. C'est trop fort pour un début. Laissez dormir votre plan quelques années, pour le reprendre plus tard. Livrez-vous d'abord à un essai moins ambitieux, et j'applaudirai à vos premiers efforts ; et je m'estimerai heureux de vous ouvrir moi-même la carrière.* »

Il est bon d'ajouter, pour fournir une expérience utile, que ce protecteur si bienveillant, si dévoué pour la jeunesse, livrait au théâtre, quelques années après, un drame fameux taillé sur le plan de J.-B. LECLÈRE, et renfermant ses principales pensées ; que ce drame excitait les applaudissements frénétiques des amateurs de la scène, et fournissait à la presse une matière inépuisable pour les éloges les plus emphatiques.

Sans être découragé par cet arrêt du grand poëte, J.-B. Leclère cherchant, s'il était possible, à noircir encore les couleurs que lui fournissait l'histoire par rapport au sujet de son drame, voulut remonter jusqu'à la source des faits et consulter les originaux. Établi du matin au soir dans une bibliothèque publique, il se mit à consulter les manuscrits anciens, les livres poudreux contemporains de l'époque qu'il voulait connaître à fond. Quelle ne fut pas sa stupéfaction lorsqu'en parcourant ces annales, qui devaient être pour lui une mine féconde en découvertes, il reconnut qu'elles étaient en désaccord complet avec les chroniques qu'on en avait tirées; que l'esprit de parti, faisant mentir l'histoire, trompant les peuples, avait déversé la calomnie et l'outrage sur des hommes dont il voyait l'éloge dans des écrits primitifs ! C'est alors que, révolté dans sa franchise naturelle, il rejette avec dégoût et livre aux flammes une composition qui, naguère encore, était pour lui le gage assuré d'une réputation dans les lettres.

Dès ce moment, le doute, comme un ver rongeur, assaille son esprit et ne lui laisse plus aucun repos. Se rappelant avec une espèce d'oppression les railleries multipliées de

Voltaire, son acharnement pour tourner la Bible en ridicule, il résolut de lire ce livre de la manière la plus approfondie. Laissons-le parler lui-même :

« J'ouvre une Bible dédaigneusement : les premiers passages me paraissent sublimes. Un invincible attrait me plonge dans cette lecture. Lorsque je l'eus achevée, il me semblait qu'un monde nouveau s'ouvrait devant moi. Cette œuvre me sembla profonde et immense comme la mer, gigantesque comme une montagne dont les pieds s'enfoncent jusqu'aux dernières racines de la terre, et dont la cime s'élance au-dessus des nuées. Voltaire passa dans mon esprit sous la figure d'un insensé vieillard qui s'amuserait à jeter des cailloux aux flancs de la montagne pour la réduire en poudre, à jeter des poignées de sable dans la mer pour la combler. Alors je sentis, au fond de mon entendement, une réaction sourde contre les idées philosophiques. » Hélas ! cette réaction ne fut complète qu'après des années d'incertitudes poignantes et de déchirements intérieurs.

VIII.

Tandis que son esprit, ballotté par le doute, ainsi qu'un vaisseau sans voile et sans boussole sur une mer orageuse, cherchait vainement une issue à travers le flux et le reflux de ses pensées, une tempête politique éclatait en France : la révolution de 1830 ajoutait une date sanglante à l'histoire de notre pays. Au chant de la *Marseillaise,* cet hymne funèbre qu'un orage produisit et qui ne se fait entendre que pour signaler de nouveaux orages ; à ce mot magique de *liberté,* la France, agitée comme par un volcan, avait tremblé du nord au midi. Sur ce château des rois, théâtre de tant de changements, les trois couleurs de 89 avaient remplacé le drapeau blanc fleurdelysé, et le flot populaire jetait encore une fois sur le sol de l'étranger l'antique dynastie de saint Louis. Enthousiaste comme les jeunes gens de son âge, séduit par l'opposition plus ou moins légitime de la presse libérale, J.-B. Leclère accueillit avec transport l'avénement des trois jours. On le vit, pendant la lutte meurtrière qui ensanglanta les rues de la capitale, non pas prendre le fusil, — il avait horreur du meurtre, — mais parcourir les rangs de nos soldats pour les gagner à la cause du peuple, et leur distribuer des vivres et des rafraîchissements. Il ne se retira qu'après avoir épuisé ses dernières ressources. La lettre qu'il écrivit ensuite à ses parents commençait ainsi : « *Rassurez-vous : je n'ai pas même reçu une égratignure ; mais j'ai dépensé jusqu'à mon dernier centime.* » Cette révolution, qui eut, il faut l'avouer, un caractère plus pacifique que beaucoup d'autres, souleva des prétentions innombrables : la fumée des honneurs monta au cerveau des ambitieux ; les spéculations de l'avarice ne connurent plus de bornes. Le gouvernement de Juillet était à peine installé, que déjà mille rivaux luttaient pour s'arracher un poste, à peu près comme ces oiseaux voraces qui s'entre-déchirent sur la proie qu'ils se disputent. Cette époque d'égoïsme et de vénalité reçut, à juste titre, le surnom flétrissant de *curée des places*.

Parmi les prétendants qui, à ces jours de vertige, se trouvaient trop à l'étroit dans la sphère où la Providence les avait conduits, était un ancien professeur de J.-B. Leclère. Cet homme habile, et d'un talent incontestable, voyait, dans ses rêves, se dresser devant lui l'échelle des grandeurs universitaires. Il voulut en franchir les derniers échelons. Sachant tout le parti qu'il pouvait tirer de son élève, il flatta adroitement sa générosité ; il lui exposa tous ses titres pour aspirer, sans orgueil, comme beaucoup d'autres, à un emploi plus élevé; en un mot, par des sollicitations intéressées, il sut enflammer son âme ardente. Sans aucun doute, il aurait pu par lui-même remplir le rôle de postulant; mais il sentit que les démarches d'un de ses meilleurs élèves le serviraient d'une manière bien plus efficace. En effet, ne devait-on pas se dire, en voyant ce jeune homme si dévoué : la personne qui inspire à son élève un si vif attachement doit, indépendamment du savoir qui la distingue des autres, posséder des qualités supérieures; elle est donc digne de notre intérêt. Les prévisions du professeur avaient porté juste ; la suite de mon récit le prouvera.

Ici commence en faveur de cet homme, de la part de J.-B. Leclère, une vie d'abnégation et de sacrifices, qui alla, je ne crains pas de le dire, jusqu'à l'héroïsme. J.-B. Leclère qui, pour lui-même, n'aurait jamais voulu adresser une demande, devient tout à coup pour autrui un solliciteur infatigable. Sorti à peine des bancs de l'école, il fait violence à sa timidité naturelle, affronte ce monde doré qui éblouit et impose, et attend dans les antichambres, sans jamais se rebuter, l'instant favorable d'une admission. Les obstacles disparaissent devant sa volonté ; il parcourt en tous sens les dédales des ministères ; il visite tour à tour et les chefs de bureau et les chefs de division ; il pénètre jusqu'au secrétariat particulier du ministre, cet endroit mystérieux, inaccessible à la foule. Telle est son occupation dans le jour ; la nuit, il prend sur son sommeil pour rédiger des demandes sans cesse renaissantes. Fatigues, voyages, dépenses multipliées, rien ne l'arrête. Pour s'ouvrir un accès jusqu'aux membres de la famille royale, il compose des hymnes patriotiques et les leur adresse. Ces essais de poésie, qu'il n'avait mis au jour que pour se rendre utile, l'exposent à une critique ardente et passionnée qui prenait plutôt sa source dans les inspirations de la haine que dans un amour sincère des règles de l'art. Ces premiers ennuis de la publicité ne ralentirent point ses efforts : non content d'intéresser à son protégé la famille royale et les ministres, il s'adresse encore aux notabilités politiques et littéraires. Tant de démarches ne pouvaient rester sans effet : deux chaires dans un collége communal, l'une de rhétorique, l'autre de philosophie, furent offertes au choix ; mais le professeur, objet de tant de dévouement et qui aspirait, *sans orgueil*, à un poste plus relevé, les refusa. J.-B. Leclère, porteur de ce refus, se rend chez le ministre de l'instruction publique et, tout en le remerciant de ce qu'il a bien voulu accorder, il réclame pour son ancien maître une place plus avancée dans la hiérarchie universitaire. A cette demande, qu'il regarde comme importune, le ministre s'impatiente et s'écrie : *Eh quoi! votre professeur veut-il donc être ministre lui-même? — Pourquoi pas, Monsieur, s'il en a le talent?* En entendant cette réponse chaleureuse et hardie, le ministre ne put s'empêcher de sourire. « *Fort bien*, dit-il à J.-B. Leclère, *il est possible que votre protégé ait la capacité requise pour diriger un ministère; mais les ministres et les premiers membres de l'Université ont subi, avant d'arriver à la place éminente qu'ils occupent, des épreuves indispensables; que votre professeur s'y prépare, et, s'il en triomphe, nous serons toujours disposé à lui être utile.* »

Devant une observation aussi pleine de sagesse, J.-B. Leclère dut se retirer ; il engagea son ami à travailler avec ardeur afin de se présenter aux examens le plus tôt possible. Comme cet ami séjournait, depuis plusieurs mois, dans la capitale, pour y attendre l'effet des démarches de son jeune élève, il éprouvait des embarras pécuniaires. J.-B. Leclère, toujours dévoué, le soutint de ses propres ressources jusqu'à ce qu'il lui eût obtenu la charge de rédacteur dans un des journaux de l'époque. Que pouvait-il faire davantage ? Ne s'était-il pas montré le plus généreux des amis ? Et pourtant, lui qui s'était, pour ainsi dire, exténué dans sa bienfaisance, eut à subir le reproche d'être ingrat, d'être infidèle à l'amitié. Il avait tenté l'impossible pour obliger le monde, et le monde n'eut que des paroles de blâme pour payer ses bienfaits ! Cette première déception fut immense : elle pesa longtemps sur ses jours attristés. Bien d'autres déceptions l'attendaient encore. Dieu, par des tribulations successives, voulait détacher des choses terrestres cette âme d'élite et la posséder sans partage, pour la récompenser au centuple.

IX.

Tout en se consumant de zèle à servir les intérêts d'autrui, J.-B. Leclère venait de s'acquérir, quoique bien jeune encore, une réputation marquée parmi les célébrités littéraires. Ses *hymnes patriotiques*, qu'il n'avait composés que pour se procurer un accès plus facile comme solliciteur, avaient fait quelque sensation. Beaucoup de lettres de félicitations lui furent adressées à ce sujet. En compulsant sa correspondance, j'ai trouvé plusieurs écrits autographes que je garde comme pièces justificatives. Ces écrits se composent de quatre lettres de M. *Guizot*, d'une lettre de M. *Kératry*, d'une lettre de Mme *Amable Tastu*, d'une lettre de M. *de Salvandy*, d'une lettre de M. *Béranger*, de trois lettres du général *Jacqueminot*, d'une lettre du général *Petit*, d'une lettre du comte *d'Argout*, d'une lettre du comte *Jaubert*, de trois lettres de M. *Vatout*, secrétaire de la reine, et d'une lettre du baron *Girod* (*de l'Ain*). Dans toutes ces lettres, ces notabilités bienveillantes applaudissent à son jeune talent et lui prédisent un magnifique avenir. Je sais que beaucoup d'autres hommes remarquables, soit par leur rang, soit par leurs écrits, l'avaient aussi félicité ; mais, me défiant de mes souvenirs, je ne risquerai point de noms propres. En 1833 (il n'avait encore que vingt-un ans), l'*Athénée des Arts* lui ouvrit son sein en lui accordant dispense d'âge.

X.

Pour se délivrer des angoisses du doute dont son âme était travaillée, il voulut recourir à l'agitation des plaisirs de la vie. Le monde des illustrations souriait à ses premiers écrits ; son nom n'était plus un mystère pour les notabilités du jour. Le duc d'Orléans, dans un bal que lui donnait la bourgeoisie de Bourges, avait honoré J.-B. Leclère d'un quart d'heure d'entretien ; les salons de Paris accueillaient avec distinction le jeune avocat, le poëte à son aurore, et le membre encore adolescent de l'*Athénée des Arts*. Quand on le voyait, on admirait sa jeunesse ; quand on l'entendait, on oubliait son âge pour ne plus admirer en lui que la sagesse de ses pensées et le charme de sa parole. L'étude, qu'il ne quitta jamais que pour cause de maladie, les visites, les dîners d'apparat, les soirées, les bals, les concerts, les spectacles remplissaient tous ses instants. Vains efforts ! semblable à l'animal qui porte dans son flanc le trait qui le déchire, rentré chez lui il retrouvait au fond de son âme le doute toujours cruel, toujours inexorable !... Ce monde qu'il avait regardé comme une voie de salut ne pouvait rien pour sa blessure ; ces plaisirs, qui lui promettaient le bonheur et l'oubli, ne lui laissaient pour tout partage que le dégoût, la satiété et la fatigue ! Un jour qu'absorbé dans de pénibles réflexions il oubliait les heures qui trop souvent se traînaient pour lui, il reçut la visite de quelques jeunes gens. C'étaient des amis qui venaient l'inviter à assister avec eux à un bal masqué du grand Opéra. Cette proposition le tire de sa rêverie ; comme il n'avait jamais vu un pareil spectacle, il accepte l'invitation.

L'aspect de cette salle immense éblouit d'abord ses regards : ces lustres gigantesques qui inondaient les assistants des flots de leur lumière, ces instruments mélodieux qui promenaient partout leur puissante harmonie, ces *dominos* rouges, blancs, verts, bleus, mariant leurs couleurs en tous sens, et se mêlant à l'habit noir, à l'habit brodé; les gracieux quadrilles de la danse, les tourbillons de la valse, tout d'abord enivra ses sens et lui fit regarder ce séjour comme un palais enchanté. Mais cette ivresse passa comme un éclair, et le doute se réveilla plus fort que jamais. Dès ce moment la pompe de la fête disparaît à ses yeux ; dans cette foule brillante, il ne voit plus qu'une cohue dont les ondulations, comme celles de la mer, le poussent et le repoussent. Tandis que coudoyé, pressé, heurté, il se frayait tristement un passage, seul en lui-même sur ce théâtre des vanités mondaines, comme s'il eût été au fond d'un désert, il est accosté par un *domino* dont la taille élégante décelait une femme. Son isolement au milieu de cette nombreuse assemblée, sa mélancolie faisant contraste avec cette joie universelle, sa beauté expressive, tout avait fixé l'attention de l'inconnue. Elle le prend à l'écart et d'une voix douce elle lui témoigne son étonnement de le voir ainsi plongé dans la tristesse, à son âge, là même où tout convie à l'allégresse. Dans un entretien sérieux qu'elle a la perspicacité d'engager, elle fait preuve d'un esprit tantôt subtil, tantôt profond, et découvre tour à tour les connaissances les plus variées. Entraîné par cette sirène, J.-B. Leclère secoue sa torpeur et fait briller dans la chaleur de la conversation des étincelles de génie qui, plus d'une fois, font tressaillir cette inconnue. Au moment de se séparer, le *domino* soulève son masque et laisse voir à son jeune interlocuteur une femme séduisante, séduite elle-même, et qui ne cherchait plus qu'à séduire. Elle lui demande pour toute grâce de vouloir bien se trouver au bal du lendemain. J.-B. Leclère, fasciné à la vue de cette femme, comme l'oiseau sous les regards du serpent, donne une promesse et sort brusquement de cette enceinte dangereuse.

Rentré dans son hôtel, il se couche la tête en feu ; la nuit se passe dans un long cauchemar qui n'est pour lui ni le sommeil, ni le réveil. Sa chambre devient pour son imagination malade la vaste salle de l'*Opéra*. A ses oreilles résonnent encore les accords enchanteurs d'une musique savante. Tantôt il voit se dérouler devant lui les longues files des danseurs et danseuses ; tantôt le cercle immense de la valse passe autour de son lit, rapide comme la tempête ; parfois il lui semble que des *dominos* l'arrachent de sa couche et l'entraînent avec eux dans l'épais tourbillon ; et, au milieu de cette agitation universelle, cette femme, toujours cette femme qui, les yeux fixés sur lui, le poursuit sans relâche de son sourire perfide. Enfin l'arrivée du jour vient chasser les fantômes de la nuit ; J.-B. Leclère, pâle, le corps brisé, l'esprit fatigué, se met à sa fenêtre pour respirer la fraîcheur du matin. Là, concevant une résolution extraordinaire qu'on peut appeler héroïque, il s'écrie : « *Etablissons entre un monde séducteur et ma faiblesse un obstacle invincible.* » En achevant ces mots, il fait appeler un barbier et lui ordonne de lui raser la tête et les sourcils. A cet ordre, le barbier stupéfait ne sait s'il dort ou s'il veille, et se le fait répéter plusieurs fois ; enfin, bien convaincu qu'il n'est point sous l'empire d'une hallucination, il fait tomber sous son fer destructeur cette blonde chevelure dont la beauté attirait les regards, ces boucles ondoyantes qui faisaient l'orgueil et la joie d'une bonne mère ! Ce sacrifice, incompréhensible pour les esprits légers du siècle, était un premier pas pour arriver à la sublime folie de la Croix ; la grâce de Dieu n'était pas encore en lui, mais la miséricorde divine veillait déjà sur son élu !

XI.

Rasé, séquestré du monde comme un cénobite, renfermé dans sa chambre comme le moine dans sa cellule, J.-B. Leclère, qui n'avait pu trouver le repos de l'âme ni dans les grandeurs, ni dans les dissipations mondaines, crut enfin le rencontrer en se livrant à une étude qui absorberait tous ses instants. Voyons s'il réussira dans cette dernière recherche ; lui-même va nous l'apprendre par ces mots de Théodore, dans son ouvrage Un Prêtre ou la Société au xixe siècle : « J'habitais un hôtel de la rue des Postes, près du Panthéon. J'avais choisi ma chambre au sixième étage, afin de m'éloigner entièrement des bruits extérieurs. Cette chambre était un belvédère dont les fenêtres ouvraient sur les points principaux de la colossale ville. Ce fut là que je voulus éprouver, par un prodigieux travail, jusqu'où pouvaient s'étendre les limites de l'intelligence humaine. D'abord je demandai à ma raison confusément compte de toute chose. J'examinai, je creusai un à un tous les systèmes philosophiques ; et, en les analysant, je reconnus qu'ils dérivaient tous de ces trois principaux : le DÉISME, le SCEPTICISME et l'ATHÉISME. Je m'identifiai avec ces trois idées mères de la négation religieuse, qui enveloppèrent ma pensée : le DÉISME, comme un crépuscule ; le SCEPTICISME, comme un tourbillon ; l'ATHÉISME, comme une noire et impénétrable vapeur. Alors toutes les notions de l'ordre universel disparurent de mon esprit ; et les éléments des deux natures décomposées flottèrent aux yeux de mon âme, dans sa nuit, sous les formes imnombrables et brisées d'un gigantesque cauchemar. J'écrivis cette vision dont les bizarres détails remplirent quatre volumes (1). Dès huit heures du matin, mon premier et frugal repas étant pris, je m'asseyais à une petite table de chêne ; et le front appuyé sur une main, la plume dans l'autre, j'écoutais le ténébreux travail de mon esprit ; j'attendais que la lumière en jaillît, et il n'exhalait toujours, toujours, à l'instar d'un cratère en éruption, qu'une épaisse fumée rougie, par intervalles, de fan-

(1) Cet ouvrage est resté manuscrit ; il porte pour titre : *Jean de Sologne*.

tasques jets de feu. La nuit me surprenait dans cette pénible attente, et je sortais de ma méditation, chancelant, comme un homme ivre. Le regard fixé sur le papier où j'avais écrit sans voir, tantôt je m'enorgueillissais, tantôt je me désespérais, en songeant que le cratère de ma pensée avait pu vomir tant de lave. Mon imagination éprouvait, dans ce continuel enfantement, des sensations étranges, et si en dehors du monde réel, que bientôt la langue de ce monde devint impuissante à les exprimer. Le doute, ayant rompu les notions de l'ordre universel dans ma conscience, rompit naturellement les règles grammaticales du style dans ma tête : il se forgea, de leurs débris combinés, une langue nouvelle et monstrueuse. Je vécus une année entière dans les secousses de cet affreux paroxisme intellectuel. Il serait impossible à une intelligence humaine d'outrepasser, sans périr, les limites où la mienne enfin s'arrêta épuisée, confondue, anéantie. Quand je songe encore à l'effroyable tempête qui tourmenta mon âme jusqu'en ses fondements, et ne lui laissa aucune trêve durant plus de trois cents jours, la sueur vient à mes tempes, et j'ai peine à retenir un frisson d'horreur. Dieu jugea sans doute que ma téméraire curiosité de sonder la science défendue était assez punie. Un soir que, renfermé dans ma cellule, je sentais mon esprit battu par les assauts de son mystérieux orage, je fus tiré de ma rêverie par un coup de tonnerre. La pluie et les éclairs frappaient les croisées de ma chambre. Jamais je n'ai vu un si terrible ouragan. Les murs et le toit du belvédère tremblaient. Enfermé dans un espace de six pieds carrés, je ne pouvais trouver un endroit pour abriter mes yeux contre les lueurs de la foudre, qui m'éblouissaient presque sans intervalle. Saisi de la crainte d'être foudroyé, je poussai involontairement ce cri que la terreur arrache au cœur même des athées : *Ah! mon Dieu!*... Puis, me rassurant tout à coup, je pris la résolution de braver le tonnerre. J'ouvris une fenêtre de ma cellule. La pluie, n'étant plus fouettée par le vent contre les vitres, ruisselait et tombait d'aplomb. Le tumulte des cieux et de la terre confondus accompagnait le tumulte de mes idées. Mon esprit en détresse se sentait le besoin de briser la prison de mon corps, pour mêler les éclairs et les ténèbres de sa nature aux éclairs et aux ténèbres de cette autre nature qui s'agitait devant moi, pour absorber son malaise et l'anéantir dans ces convulsions du monde. Je m'écriai, dans le délire, en insultant ma pensée : « *Odieuse faculté qui « m'as toujours fait souffrir, évanouis-toi! Mé- « prisable atôme de lumière qui n'as servi qu'à « augmenter l'ombre où je m'égare, je vais « t'éteindre!* » Aussitôt je me précipite.... mais, ayant pris mon élan, l'instinct de conservation m'arrête; je me trouve le corps à moitié sorti de la croisée, et les mains cramponnées à la rampe de fer.

« Durant cette affreuse minute, le vent apporte à mes oreilles les échos d'un concert de voix douces et plaintives. Ces voix chastes et sereines contrastaient d'une façon surnaturelle avec les mugissements de l'orage. Elles venaient du fond de l'abîme et je les entendis chanter : *Parce, Domine, parce populo tuo, ne in æternum irascaris nobis*. Il n'y a pas de mots dans la langue humaine pour exprimer l'émotion divine qui pénétra mon cœur! Un trait de lumière me découvrit à plus de cent pieds au-dessous de moi une humble petite chapelle, et j'aperçus des ombres s'allonger sur ses vitraux, au reflet des cierges. Aussitôt je me rappelai que cette croisée, d'où j'avais failli me précipiter, donnait sur l'immense jardin d'un couvent de religieuses. C'étaient ces pieuses créatures qui chantaient les cantiques du Seigneur dans le sein de la nuit et dans le fracas de la tempête. Je me retirai du bord de ma fenêtre, tremblant, en proie au remords. J'écoutai de nouveau ce chant lugubre et sublime. Un attendrissement inoui s'empara de mon âme ; et je sentis sourdement remuer en elle le germe de cette foi ardente de mes jeunes années, que je croyais mort et qui n'était qu'endormi. Je fondis en larmes et je me surpris criant à mains jointes : *Parce, Domine ! Seigneur, Seigneur, ayez pitié de moi ! Pardonnez-moi, mon Dieu !*... Et mes entrailles sanglotaient, et le chant plaintif et doux de ces anges voilés, revenant à mes oreilles, redoublait mon attendrissement et m'exaltait. A mesure que ce chant divin rétablissait l'harmonie dans mes pensées, on eût dit qu'il avait aussi la puissance de calmer la tempête : les feux et les bruits de la foudre s'effaçaient à l'horizon. Bientôt le chant cessa, et je vis dans le crépuscule les filles du Seigneur sortir de la chapelle et se diriger lentement vers le cloître : la terre surgissait des ténèbres, et mon âme du chaos. »

Après cette nuit mémorable, J.-B. Leclère nous apprend dans son ouvrage (Un Prêtre) qu'il ne se contenta pas, pour achever sa conviction dans la recherche de la vérité, de la puissance de la logique ; il voulut y joindre encore celle des faits. C'est alors qu'un rayon de la grâce divine lui découvrit qu'il lui fallait dépouiller le vieil homme pour se revêtir de l'homme nouveau ; qu'il lui fallait pour jamais rejeter cette science puisée dans les sources de l'erreur, et qui pourtant lui avait coûté tant de veilles. Il sentit que son éducation viciée était à refaire, et que, sur les ruines du philosophisme, il devait jeter les fondements du vrai savoir, de ce savoir qui émane de Dieu pour remonter à Dieu. Ce sacrifice dont son amour-propre eut sans doute à gémir, il l'accomplit sans hésiter et commença aussitôt sa rude tâche.

Avant d'entreprendre l'étude et le parallèle de toutes les théogonies, avant d'examiner d'une manière approfondie l'histoire primitive de toutes les nations, il résolut d'abord d'examiner la Bible. Après plusieurs jours d'étude, il fut convaincu que ce livre, pour lequel il n'avait professé jusque-là qu'une admiration littéraire, renfermait tout ce que la pensée de l'homme pouvait enfanter de grand et de beau sous l'influence de l'inspiration divine. *Ce livre*, nous dit-il, *a été attaqué par les impies et par les ignorants de tous les siècles. Les impies et les ignorants sont morts; les siècles sont passés; mais cet ouvrage est demeuré indestructible comme le cap de Bonne-Espérance battu par les vents et par les flots.* » Il analysa ensuite les théogonies et les cosmogonies de l'Orient et de l'Occident; et il reconnut que ces systèmes, qui traitent de la Divinité et de la formation de l'univers, portaient tous la trace des vérités primitives proclamées par la Bible. Dans ce travail, il découvrit encore que les assertions des savants incrédules, pour prouver que l'âge du monde remonte bien au-delà des quelques milliers d'années que lui assigne la *Genèse*, étaient fausses, contradictoires, et leurs calculs pleins d'erreurs. Cette étude ne fit qu'affermir la croyance de J.-B. Leclère et réalisa cette belle sentence de Bâcon : *Un peu de science éloigne de la Religion, et beaucoup de science y ramène*. Convaincu, par la logique et par les faits, que la loi de Moïse était la seule loi possible du cœur humain, il étudia avec ardeur le développement de la vieille loi dans la loi nouvelle de J.-C. A mesure qu'il avança dans cette étude, il fut saisi d'admiration et rendit pour toujours hommage à la religion catholique.

De l'étude de l'Ancien et du Nouveau Testament, il passa à la lecture des Pères et des autres défenseurs du Christianisme. Il l'entreprit dans un ordre méthodique, depuis les premiers siècles de notre ère jusqu'au dix-huitième. Ce nouveau travail lui fit découvrir une littérature inconnue, enfouie dans la poudre des cloîtres, et des noms ignorés, des génies obscurs, dignes de figurer parmi les plus illustres penseurs ; il y admira ce Moyen-âge, si digne d'être connu, et que pourtant l'ignorance traite de barbarie.

XII.

Après deux années passées dans une complète solitude, il alla se réconcilier avec Dieu et eut le bonheur de recevoir le Pain des Anges ! Il nous raconte lui-même dans son Prêtre combien fut douce et pure son émotion dans la matinée de ce beau jour ! « Je n'oublierai pas plus, dit-il, le souvenir de ce matin où je respirai l'air à mes croisées, que le souvenir de l'ouragan qui fut la date de ma conversion. La voûte du ciel resplendissait de lumière, et cette lumière miroitait en facettes innombrables sur les bleuâtres collines de Saint-Cloud et de Meudon, dans les plaines encore vaporeuses, et au faîte des maisons moutonnantes à mes pieds. J'eus à peine ouvert la fenêtre qui dominait le jardin des Religieuses, que je sentis cet immense parfum des arbres et des plantes qui suent la sève, par tous leurs pores, au soleil du printemps. Tous les clochers de Paris émouvaient l'air de solennels et joyeux carillons. Bientôt j'entendis le chant des religieuses ; il n'était plus triste et sombre, mais éclatant d'allégresse. Mon oreille ayant été frappée du mot *Alleluia,* je compris que les salves des cloches et la psalmodie des Sœurs célébraient la messe de Pâques. Je fus vivement touché du rapport mystérieux de la résurrection du Christ avec celle de mon cœur, et j'éprouvai un bien-être comparable à celui de la nature aussi ressuscitée. Tout à coup la voix douce et suave des filles du Seigneur entonna le *Victimæ paschali.* Toutes mes pensées vibrèrent et les pleurs vinrent à mes yeux; car chaque strophe, en me rappelant la passion du Sauveur, me rappelait la mienne. *Mors et vita duello conflixère : Il s'est livré un combat entre la mort et la vie.* La mort et la vie ne s'étaient-elles pas livré dans mon âme ce combat du Calvaire? Et c'était le Christ, vainqueur du trépas au Golgotha, qui l'avait vaincu dans mon âme ! L'image de son sépulcre, *Sepulcrum Christi,* de son suaire et de ses bandelettes, *sudarium et vestes,* me figurait que mon âme aussi avait été enfermée dans un sépulcre et ensevelie dans le linceul du péché. Bientôt les Sœurs chantèrent *Hosanna in excelsis.* Je découvris mon front et je m'agenouillai. Ce chant me frappait comme l'aile brûlante d'un Séraphin; et, les yeux fermés, les mains jointes, je me sentis bercé dans l'extase par ce chant triomphateur. Lorsque je rouvris les yeux, un grand silence régnait dans les airs. Je regardai l'humble petite chapelle où venait de s'accomplir l'ineffable mystère du Sacrifice eucharistique.... »

J.-B. Leclère, sortant enfin de cette chambre, discret témoin de ses angoisses, de son repentir et de sa félicité, se met à parcourir de nouveau les rues de l'immense ville; il était comme l'étranger qui la voit pour la première fois. A part quelques rares amis qui l'avaient visité de loin en loin dans sa solitude, toutes ses anciennes connaissances l'avaient perdu de vue. Il était donc tout à fait mort pour ce monde des grandeurs et des plaisirs qu'il ne voulait plus revoir, et où les souvenirs sont si éphémères! C'est à la défense de la vérité qu'il va consacrer désormais toute l'ardeur qu'il a prodiguée jadis à la recherche de la vanité et du mensonge. Nous le voyons d'abord employer quatorze mois au travail le plus rebutant, celui de déchiffrer du matin au soir, dans une bibliothèque, des manuscrits antiques, pour en apprendre la lecture. Il passe ensuite deux ans dans l'étude de l'histoire d'Égypte, ce berceau du paganisme, que la philosophie incrédule s'obstine à nous représenter comme celui du monde.

Au lieu de se livrer au repos quand il est rentré en son hôtel, il trouve encore le moyen de consacrer quelques heures à des travaux de surcroît. C'est ainsi qu'il alimente un journal des enfants, intitulé LE MENTOR, d'une série d'articles remarquables traitant pour la plupart l'histoire et les coutumes du Moyen-âge. Il fait ensuite paraître un petit ouvrage de poésie religieuse portant le titre de NÉOMÉNIES, parce que, indépendamment de quelques autres sujets que renfermait ce recueil, chaque mois offrait au lecteur un sujet principal qui avait rapport le plus souvent à une des fêtes du culte catholique.

Plus tard, la FRANCE LITTÉRAIRE, un des journaux marquants de l'époque, offrit à J.-B. LECLÈRE ses colonnes, et l'admit comme un collaborateur distingué. Il livra par cette voie à la publicité plusieurs chapitres d'un ouvrage important qu'il nommait LA RÉGÉNÉRATION SOCIALE, ouvrage immense d'après le plan qu'il en avait conçu, mais que la mort ne lui laissa point achever. Les articles qui en parurent dans la FRANCE LITTÉRAIRE battaient en brèche le *Déisme*, le *Scepticisme* et l'*Athéisme*, ces trois boulevards de l'Enfer, derrière lesquels se retranche l'incrédulité. Il y compare le *Déiste*, le *Sceptique* et l'*Athée*, à trois voyageurs descendus d'une autre planète et parcourant notre globe pour la première fois. Un soleil, leur a-t-on dit, éclaire notre terre. Le *déiste* voit bien ce soleil, mais il cherche à s'en écarter, et marche en lui tournant le dos; le *sceptique* s'avance sous un ciel terne et nébuleux;

l'*athée* ne veut pas ouvrir les yeux et se plaît à errer au hasard dans la nuit qu'il s'est faite.

D'autres journaux, notamment un journal de l'Indre, publièrent de J.-B. Leclère plusieurs articles remarquables intitulés : l'Esprit bourru. Ces articles traitaient, de la manière la plus approfondie, de la littérature, des sciences et des arts au 19e siècle. Ils attirèrent l'attention des hommes sérieux, et leur signalèrent l'arrivée d'un puissant défenseur de la vérité. Presque à la même époque, il composait un abrégé d'histoire de France, non achevé, et dont le manuscrit peut renfermer un volume d'impression. Il se livrait en outre à une dissertation savante sur les différentes beautés des poëtes grecs. J.-B. Leclère jetait ensuite les fondements de son Prêtre, cet ouvrage capital qui, pour être apprécié dans son vaste ensemble, demande plusieurs lectures sérieuses. Ce n'est ni une histoire, ni une recherche philosophique, ni un traité de religion, ni un tableau satirique, ni une dissertation morale; mais c'est tout cela ensemble, sous la forme vive, animée du *roman*. Un essaim de personnages, de tous les âges et de toutes les classes, s'agite et bourdonne, pour ainsi dire, dans les quatre volumes, présentant au lecteur le mal en action (tel que nous le voyons, hélas ! autour de nous), sous les traits les plus propres à en inspirer l'horreur. Une singulière profondeur de pensée dirige, dans ce roman, une imagination puissante. Le style est celui d'un Juvénal en prose.

Lorsque cet ouvrage parut, il fit une grande sensation parmi les esprits sérieux. Plusieurs journalistes renommés rendirent à l'auteur un éclatant hommage ; et il n'avait encore que vingt-quatre ans !

XIII.

Après LE PRÊTRE, qui décida, dans la suite, bien des conversions, et qui, je l'espère, en pourra faire naître encore un grand nombre d'autres, J.-B. LECLÈRE résolut d'écrire l'HISTOIRE VÉRITABLE DES DOCTRINES ET DES ACTES DE LA COMPAGNIE DE JÉSUS ; il voulait la faire précéder de celle des premiers apôtres de la prétendue Réforme : *Wiclef, Jean Hus, Luther* et *Calvin*. Mais, hélas ! la mort trop prompte ne lui permit pas de remplir un cadre aussi vaste : il n'a livré à l'impression que l'histoire de *Wiclef* et de

Jean Hus, à laquelle est adjoint un traité curieux sur la *Scolastique* au Moyen-âge. Cet ouvrage est précédé d'une préface du plus haut intérêt : on ne sait trop ce qu'on doit y admirer le plus, ou le style, d'une richesse et d'une verve inépuisables, ou le raisonnement qui réduit en poudre les calomnies entassées contre l'ordre célèbre des Jésuites. Il y trace rapidement, sous une forme oratoire, un aperçu historique de la Compagnie de Jésus, et la montre se consumant partout et toujours pour la prospérité des sciences, des lettres et des arts, pour la propagation de la Foi, pour le soulagement de l'humanité, et partout et toujours injuriée, outragée par les cours qui s'affaissent dans l'orgie, par les parlements qui rêvent l'abolition des trônes, par les membres obscurs d'un *clergé* révolutionnaire qui s'est fait le complice de Satan pour ébranler la Pierre de l'Eglise, et par les universités qui vendent, au poids de l'or, une instruction pleine d'erreurs. Le pieux auteur prouve que l'acharnement contre les Jésuites date de l'apparition de la Réforme, dont les sectateurs, comme les incrédules, ont toujours trouvé dans les fils de Loyola les plus formidables adversaires. Cette préface, que je ne puis pas même esquisser à cause de sa longueur, se continue par une appréciation judicieuse de MM. *Michelet, Thiers, Guizot, Chateaubriand* et *de Bonald;* elle se termine par un éloge éloquent du comte Joseph *de Maistre*.

Le premier novateur que J.-B. LECLÈRE met en scène est ce prêtre ambitieux de Lutterworth, *Wiclef*, que l'on peut regarder, à juste titre, comme le père de la Réforme. En l'an de grâce 1387, ce prêtre apostat, dont la rébellion contre l'Eglise avait déjà souillé de sang l'Angleterre, sa patrie, monta en chaire, le jour de la fête de saint Thomas de Canterbury, et le martyr illustre devait fournir le sujet de son sermon. Il avait promis à ses disciples d'être plus hardi que jamais; il s'était vanté d'avance de commencer son sermon en apostrophant de l'odieuse épithète de *réprouvé* le saint évêque mis au rang des Bienheureux. Pour l'entendre, une foule inquiète se pressait dans l'église de Lutterworth. Ici je me fais un devoir de citer les paroles de l'historien : « Le voilà enfin qui va parler, le fougueux apostat. La multitude immobile se tait et écoute. Encore une minute, et les échos de l'église retentiront d'un blasphème : Jean Wiclef étend les bras; ses lèvres s'ouvrent....

Le bras qui allait défier un saint retombe paralysé ; la bouche qui se préparait à l'injurier demeure horriblement béante; la tête se rejette en arrière avec une affreuse convulsion. Au-dessus de la foule épouvantée, il n'y avait presque plus qu'un cadavre; car, au lieu de l'orgueilleux agitateur qui se disposait à secouer le monde catholique jusque dans ses fondements, l'agonie, l'agonie gesticulait, donnant à l'auditoire une effroyable leçon! Et ce n'était pas le bourreau qui avait surpris à l'improviste ce violateur des lois divines et humaines, et qui le faisait se tordre ainsi là-haut sous sa main ! Non, non; c'était le jugement de Dieu qui le frappait comme d'un coup de tonnerre. » Le récit nous montre ensuite *Jean Hus* agitant à son tour la Bohême par son hérésie puisée dans les doctrines perverses de *Wiclef*. Bientôt des disciples accourent en foule sous la bannière de l'hérésiarque. Deux hommes auraient pu éteindre les brandons de ce commencement d'incendie : *Wenceslas,* roi de Bohême, et *Albicus,* archevêque de Prague. Mais le premier, dépravé par la fainéantise, insoucieux du passé, insoucieux de l'avenir, ne s'attachant qu'au présent, absorbé dans les débauches, gorgé de viande et de vin jusqu'à l'abrutissement, dormant le jour comme la nuit, abandonnait le champ libre aux agitateurs ; le second, effroyable gouffre d'avarice, portant lui-même à sa ceinture les clefs de sa cave, vendant la venaison qu'il acceptait en présent, trouvant trop dispendieux l'emploi de cuisinier, se faisant préparer ses méchants repas par une ignoble vieille, comptant et recomptant ses florins, était bien certes le pontife qu'il fallait à l'hérésie naissante pour grandir et dogmatiser impunément. Aussi *Jean Hus* et ses sectateurs mirent-ils à profit l'inertie de ces deux hommes et l'indignation qu'ils avaient inspirée : la moitié de la Bohême se souleva. La plume de notre auteur a tracé de l'hérésie déchaînée un portrait si frappant et si plein de ressemblance avec les émeutes et les révolutions des temps ultérieurs, que je ne puis m'empêcher d'en répéter les expressions. « L'hérésie a des appâts et des enchantements pour tout homme fou, ambitieux, ruiné. Elle ouvre une voie nouvelle, inconnue, immense, où le désordre sera roi, où la débauche sera reine, à tous ces petits bannerets et gentilshommes qui hantent les tavernes, et qui, de tout leur patrimoine, n'ont plus qu'un fin drap d'argent râpé sur le dos, et, dans leur escarcelle, un *agnelet* ou un *carolus!* Aussi, à leurs yeux, maître *Jean Hus* est un Dieu... Ne leur a-t-il pas dit : *Les seigneurs peuvent impunément dépouiller les églises et les clercs de leurs biens temporels.* » A ces paroles, ne croyons-nous pas entendre tous les chefs des mauvaises doctrines : ils n'ont en effet qu'un même cri. L'histoire du soulèvement de la Bohême ne nous prouve qu'une chose : c'est que, pour tenter une basse cupidité, les moyens sont toujours les mêmes. Je poursuis avec J.-B. Leclère : « Mais lorsque l'hérésie a fasciné la force brutale des hommes de guerre, sa tâche n'est point achevée ; elle doit courtiser une autre force brutale moins éclatante, mais nécessaire à ses fins. Après le baron cuirassé, bardé de fer, qui la protégera de sa lance, il lui faut la populace en guenilles, qui lui servira de cortége inébranlable, partout où elle dressera sa chaire, sur la borne, dans le carrefour, en plein vent, sous la pluie et sous la grêle... Pour effrayer les bourgeois qu'elle ne peut convaincre, elle a besoin qu'autour d'elle se hérissent en cohue ces êtres hagards que le bourgmestre vieilli et chagrin voit souvent grimacer au gibet de l'honnête ville dont la garde lui est confiée, vingt ans après leur avoir donné sa première admonition, alors qu'il les surprenait à l'état de petits vagabonds, faisant niche au marchand, ou se vautrant dans la boue du ruisseau pour éclabousser les passants. Comme cette populace se lève de terre quand l'hérésie l'a provoquée !... Confondez-vous donc dans les rangs de cette populace, et applaudissez, vous tous qui, en tout temps, assistez, les bras croisés, à l'émeute, soit qu'elle éclate contre le CHRIST, soit qu'elle éclate contre l'empereur ou le roi, soit qu'elle pulvérise un autel ou qu'elle broie un trône ; mêlez-vous y donc, vous tous qui n'osez y mettre la main, et qui ne craignez pas de l'enflammer du geste et du regard, et de la pousser du cœur, l'émeute sanglante, l'émeute sacrilége ! Oisifs ennuyés, débauchés sans vergogne, débiteurs aux abois, clercs mondains, écoliers turbulents, qui donc vous arrête? Quoi donc vous fait peur? Est-ce la justice du roi? Votre roi Wenceslas s'enivre et dort! Est-ce la réprimande et la censure de votre évêque? Il cache sa bourse, cet Albicus; il tâte et compte ses florins ! Est-ce le souverain Pontife que vous craignez? Chimère! Rappelez-vous les paroles de Jean Hus : *Il est ridicule de croire que le pape soit le pontife souverain ;*

le Christ n'a jamais conféré une telle dignité ni à Pierre ni à aucun autre. » Vous le voyez, lecteur, par ces paroles, *Jean Hus* renversait le Pape, le vicaire de Dieu, le chef de la chrétienté, dans le commencement du quinzième siècle, et, au milieu du dix-neuvième, un sectaire plus hardi, dans un écrit exécrable, détrônait Dieu lui-même. Il y a progrès, ou plutôt l'abîme, hélas ! est creusé plus profondément. Je poursuis la citation de J.-B. LECLÈRE : « Redoutez-vous, braves écoliers, la semonce de M. le recteur de l'Université? Mais aujourd'hui, M. le recteur s'appelle *Jean Hus* et c'est lui qui coupe les digues au tumulte. Faites donc aussi tapage, ô vous tous, pauvres hères sans crédit, sans argent ; allez, courez plonger vos mains dans les tonnes défoncées et ruisselantes où le juif avait amoncelé, entassé son or et ses diamants (car c'est le quartier de la Juiverie que les Hussites choisissent pour le premier théâtre de leur réforme et de leurs exploits). N'ayez souci de rien ; ne vous souvenez-vous donc plus de la maxime de votre grand maître : *Toute chose arrive par une nécessité absolue*. Etes-vous retenus par un vœu, par un serment? Entre vous et ces hommes que l'on pille, que l'on tue, existe-t-il quelque lien sacré : ne serait-ce qu'une convention, un contrat? Quelle noix creuse! Vous n'avez donc pas entendu maître *Jean* le prophète s'écrier dans sa chaire : *Les serments que l'on fait pour corroborer les contrats sont illicites.* » (Ainsi, plus tard, les révolutionnaires ne furent jamais gênés, ni par les constitutions qui prescrivent l'obéissance, ni par leurs propres serments.) « Enfin, pour tout dire, quelque remords, quelque scrupule religieux vous reste-t-il encore au cœur? *Le maître* a obvié à ce petit inconvénient; car n'a-t-il pas dit : *Toutes les religions, sans en excepter aucune, ont été inventées par le diable.* »

Tel était le raisonnement de *Jean Hus*, à Prague, pour endormir la conscience de ses sectaires. Tel est le raisonnement des chefs de ces écoles monstrueuses qui menacent de bouleverser le monde ! Toutes les révoltes se ressemblent, et par leur origine et par les moyens qui les étendent et les agrandissent.

« Après quelques journées de surprise et d'effroi, les magistrats et les notables citoyens de Prague, craignant pour eux-mêmes le meurtre et le pillage, se concertèrent pour aviser au moyen d'étouffer la révolte. Trois des plus mutins et des plus dangereux pillards furent arrêtés.

« Pendant qu'on les juge et qu'on les condamne à huis-clos, avec l'espoir que leur mort intimidera la foule des écoliers et des vagabonds séditieux, la populace les réclame à grands cris. Bientôt le sang qui découle du prétoire dans la rue annonce que le jugement a été exécuté. On fait alors irruption ; on s'empare des suppliciés ; leurs hideux débris sont promenés en triomphe par toutes les églises, empaquetés dans des lambeaux de drap d'or, et les airs sont frappés de ces clameurs frénétiques : *Voici les saints morts pour la loi de Dieu*. Les cadavres, aromatisés comme des reliques de martyrs, sont déposés ensuite avec honneur dans une des chapelles de la ville. » Ainsi encore, au dix-huitième siècle, dans la capitale la plus civilisée de l'Europe, une poignée de sauvages, dignes imitateurs des révolutionnaires de la Bohême, promenèrent, au chant d'un hymne *national*, les restes impurs de *Marat, l'ami du peuple*, et les portèrent solennellement sous les voûtes du Panthéon !

Indignés de la stupide indifférence de leur *Wenceslas*, les habitants paisibles de Prague en appelèrent enfin au suzerain l'empereur *Sigismond. Jean Hus*, redoutant la réaction et de justes vengeances, s'enfuit de la ville et courut dans les campagnes pour y semer ses funestes doctrines. Triste similitude avec d'autres temps où l'on vit d'autres sectaires, fidèles aux traditions de l'émeute, parcourir nos villages pour y prêcher la désobéissance aux lois, le refus de l'impôt, et, pour dernière ressource, la destruction de la société par le pillage, le meurtre et l'incendie !

C'était en 1414 : un concile général étant assemblé à *Constance*, l'empereur *Sigismond*, sur la demande des habitants de Prague, y cita à comparaître maître *J. Hus*. Ici commencent les mensonges de la Réforme et de l'école voltairienne ; ici commencent aussi les erreurs de plusieurs historiens religieux qui n'ont pas eu la pensée ou le courage d'étudier dans les sources cette question historique. De là, aux yeux des uns, le catholicisme est couvert d'une teinte sombre et sinistre qui justifierait le protestantisme ; de là, aux yeux des autres, on ne sait quoi de louche et d'incertain qui afflige et inquiète. L'historien dont nous esquissons la vie et les travaux réfute les impostures et les erreurs, en appliquant à la condamnation de *J. Hus* les vives lumières d'un examen approfondi, appuyé sur les révélations des témoins oculaires, les contradictions des écrivains hétérodoxes, les pièces authentiques du procès, les lettres mêmes et les ouvrages de l'hérésiarque. Il résulte 1° que *J. Hus* est venu à Constance et qu'il y est resté sans *sauf-conduit;* 2° que le fameux et prétendu *sauf-conduit* était tout simplement un *passeport;* 3° en admettant même que ce fût un sauf-conduit, il est démontré que jamais sauf-conduit ne pouvait protéger contre un jugement. Armé des mêmes témoignages, notre auteur rétablit la vérité sur la conduite sage et modérée des Pères du Concile. Vient enfin un très-curieux chapitre sur la *scolastique,* avec une appréciation fondée de ce système d'enseignement si ridiculisé par l'ignorance depuis 300 années. Par là se termine cet unique volume que J.-B. Leclère livra à la publicité, en 1839. Ce n'était qu'un commencement d'introduction à l'ouvrage conçu, et tout imparfait qu'il est, à cause de la précipitation avec laquelle il a été imprimé, c'est un monument de savoir et de travail. Pour ce seul volume, J.-B. Leclère, comme il le dit lui-même, a *réellement* consulté 74 auteurs dont il cite les noms et les ouvrages.

On a encore en manuscrit les matériaux d'un second volume qui rapporte la condamnation et la mort de *J. Hus*. Le jeune érudit nous y montre que le jugement des Pères du Concile ne fut pas aussi terrible que la haine se plut à l'accréditer; et que ce supplice du feu, dont s'indignent nos philanthropes, n'eut ici rien de cruel; car un des exécuteurs, caché au sein du bûcher, perça le cœur de *J. Hus* d'un coup de lance avant que la flamme eût atteint son corps. Il y a aussi de curieux détails touchant *Luther*, dont la fin aurait été très-différente de ce que nous apprennent les narrations qui ont cours jusqu'à présent. J.-B. Leclère a découvert que cet apostat furibond, qui avait imaginé et fait dessiner une caricature impudente du pape Paul III, a fini, comme *Arius*, dans l'ignoble posture où il avait représenté le Saint-Père.

XIV.

A partir de la publication de cette œuvre historique, J.-B. Leclère obtint un rang distingué parmi les écrivains catholiques. Il reçut des lettres de félicitation de plusieurs évêques et d'autres notabilités religieuses. La *Société Ebroïcienne* lui annonça que son nom allait prendre place parmi ceux de ses membres.

L'*Institut catholique*, société littéraire composée de tout ce que Paris possédait de plus éminent parmi les hommes pieux, érudits et lettrés, s'empressa aussi de lui ouvrir son sein. Des conférences régulières sur le droit, l'histoire, la littérature et les sciences, ayant été établies pour la jeunesse chrétienne de Paris, une tribune était par là même offerte à J.-B. Leclère. On reconnut en lui un orateur dès la première fois qu'il prit la parole, et il se fit remarquer depuis par de véritables succès. Mais la question *de l'Imprimerie* lui en réservait un des plus brillants. Il s'agissait d'énumérer les bienfaits de l'imprimerie : la matière était riche et attrayante, et plusieurs orateurs, qui s'étaient succédé à la tribune, avaient présenté le même thême avec des variations plus ou moins intéressantes. Personne n'avait essayé de soutenir la thèse contraire ; les débats semblaient clos et l'on allait voter, d'enthousiasme et sans restriction, en faveur de cette invention, lorsqu'un des amis de J.-B. LECLÈRE le pria de vouloir bien, pour quelques minutes, remplir le rôle de la partie adverse. Il ne devait point parler dans cette séance, et, par conséquent, il n'avait rien préparé. Il refusa d'abord d'accéder à cette demande. Pressé pourtant par de nouvelles instances, il accepta la proposition. Sa tâche était extrêmement difficile : toute l'assemblée soutenait la cause de l'imprimerie, et il ne voulait pas seulement, comme le nageur, lutter contre le courant, mais il prétendait encore en changer la direction et l'entraîner après lui ; c'était presque l'impossible, et il ne recula pas devant l'entreprise. Pendant une heure, que dura son improvisation, il tint, pour ainsi dire, suspendu à ses lèvres tout son auditoire, qui ne put se soustraire un instant au charme de sa parole. Plusieurs mouvements oratoires firent tressaillir l'assistance, un seul m'a été rapporté : « Que me parlez-vous des bienfaits de l'imprimerie, sans parler des maux qu'elle enfante? Ecoutez ma réponse : la *morgue* où s'amoncellent d'heure en heure de nouveaux corps morts ; la Seine qui, chaque jour, roule dans ses flots de nombreux cadavres jusqu'aux filets de Saint-Cloud, lui crient, par ma voix, à cette orgueilleuse im-

primerie : Considère encore une fois ces malheureux que tu viens de perdre ; examine ton ouvrage ; voilà ce que tu produis aujourd'hui ! »
J.-B. Leclère, descendant de la tribune, obtint un triomphe que n'eût pas dédaigné un orateur de renom. C'était à qui l'embrasserait, à qui lui serrerait les mains. Durant plusieurs minutes, la vaste salle retentit de bravos redoublés. Cette cause de l'imprimerie, que l'on croyait gagnée sans retour, fut subitement compromise ; de ses partisans, les uns tout à fait changés, ne voulaient plus voter en sa faveur ; et les autres, incertains et timides, n'osaient plus le faire d'une manière absolue : on se sépara sans rien conclure.

Dans une autre séance générale, il lut une dissertation sur une *théorie des sciences*. Ce discours, où la profondeur des idées le dispute à la vigueur du style, établit avec force que les sciences humaines, toutes issues de Dieu, le créateur de l'esprit de l'homme et *le père des lumières*, doivent tendre à Dieu et être réglées par Dieu, pour produire quelque bien durable. Cette commune origine et cette fin commune les lient entre elles de cette unité parfaite qui fit jadis leur force, et qui enfanta au Moyen-âge les *sommes* théologiques, les *speculum* et les cathédrales. Depuis trois siècles, on les a désorientées, ces divines sœurs, en les séparant de Dieu, en les jetant en dehors de la révélation catholique, « source unique de toutes les lumières, » et elles ont été frappées d'impuissance pour des chefs-d'œuvre. Les esprits studieux et réfléchis doivent donc consacrer le travail de leur pensée et de leur âme à refaire dans le monde de la pensée et de l'âme, l'ordre profond et magnifique qui, de l'homme à l'Ange, de l'atôme à Dieu, formait autrefois un enchaînement de rapports merveilleux dont le seul souvenir élève l'intelligence au plus pur ravissement de l'enthousiasme. Tel était le riche fond de ce discours qui frappa tellement l'assemblée que, d'une voix commune, on demanda l'impression. Mais, quand une nuit eut passé, quand la réflexion eut amorti ce premier mouvement de sympathie spontanée, quelques membres élevèrent la voix, au Conseil, pour faire écarter la proposition comme contraire au règlement. J.-B. Leclère, bien loin de faire quelque instance en faveur de son œuvre, déclara qu'il s'opposait lui-même formellement à l'impression dont on avait parlé. Toutefois son discours ne passa pas inaperçu : M. le comte O'Mahony le fit imprimer à ses frais, dans l'INVARIABLE publié à Fribourg. — Dieu, qui voulait détacher de plus en plus son serviteur de l'amour de la gloire, lui envoya cette petite déception pour lui faire sentir que la faveur des hommes est inconstante et légère comme le souffle des vents.

XV.

Dans le cours de la même année, un ami officieux, je me trompe, un *industriel* aux formes polies s'était chargé de la vente du PRÊTRE. Non content de lui avoir extorqué 4,000 francs, destinés à couvrir les frais de l'impression, il fit encore disparaître, à son profit, les exemplaires de l'ouvrage. Fort de son bon droit, l'auteur aurait pu traduire devant les tribunaux ce dépositaire infidèle ; mais il aima mieux souffrir une perte d'argent que de provoquer un débat scandaleux. Comme il craignait d'affliger son père, il eut recours à l'obligeance d'un cousin pour avoir 4,000 francs qu'il lui fallait verser de nouveau. Il s'imposa ainsi, peut-être par esprit de pénitence, une gêne dont il lui eût été bien facile de s'affranchir, en avouant tout à ses bons parents, et il paya jusqu'à sa mort la rente de cette dette. Et pourtant, il trouva encore le moyen de faire d'abondantes aumônes! Que de privations dont le Ciel seul a le secret et dont le Ciel lui a tenu compte !... Un autre *ami* qui affectait, en morale, un grand rigorisme, un de ces *sépulcres blanchis* dont parle l'Evangile, lui rappela, par des emprunts *adroits*, les vols *honnêtes* dont il avait été victime dans le monde de l'impiété.

Une épreuve d'un nouveau genre lui était réservée. Pendant plusieurs mois, la plupart des notabilités catholiques s'empressaient de rendre visite au généreux défenseur de la vérité religieuse; quand elles l'abordaient pour la première fois, c'était avec respect; quand elles se séparaient de lui, il y avait effusion affectueuse, il y avait transport. Revoyait-il ensuite ces mêmes personnes, elles étaient, en général, froides et réservées. D'où provenait un pareil changement? Toujours le même, toujours édifiant, toujours bon, il n'avait rien perdu de son mérite. Cette conduite inexplicable lui prouva qu'il n'était pas plus fait pour certain monde *religieux*, qu'il ne l'avait été pour le monde des grandeurs et des plaisirs. Riche encore de cette expérience, il prit la résolution de se renfermer dans le cercle de ses études et de vivre plus étroitement pour Dieu. Il ne vit plus que quelques amis vrais, avec lesquels il entretint correspondance jusqu'à sa mort. Nous ne pouvons pas ne pas nommer ici M. *Edouard Dumont*, ancien professeur d'histoire au collége royal de Saint-Louis, « un des écrivains catholiques de France les plus éminents en savoir et en piété (1); » M. le comte *O'Mahony*, l'Addison français, et catholique dont le talent d'observation et le style incisif rappellent *J. de Maistre*; M. *Paulin-Guérin*, « notre vrai peintre chrétien, qui nous a si bien retracé dans *Adam* et *Eve*, dans *Caïn* et dans le mystère du *Calvaire*, dans *Sainte Anne*, *Sainte Catherine*, *Sainte Cécile*, les premières douleurs de l'humanité, ses maux réels, ses hautes espérances et quelque reflet de sa beauté primitive. » Quelques ecclésiastiques ont aussi compté parmi ceux qui lui furent toujours chers et qui étaient heureux de le connaître et de l'aimer.

Les RR. PP. Jésuites de Paris et de Bourges

(1) Lettre de *J.-B. Leclère* au *P. de Hohenlohe*.

avaient pour lui une estime profonde et affectueuse, et il professait pour eux une vénération et un dévouement sans bornes. Lorsqu'il eut résolu d'écrire l'HISTOIRE DE LA COMPAGNIE DE JÉSUS, il demanda au Supérieur de la maison de Paris la faculté de chercher, dans la bibliothèque, les documents dont il pourrait avoir besoin. Un jour qu'il était occupé de ses recherches, le Supérieur lui dit : « *Si, dans les sommités de notre Compagnie, vous trouvez quelques membres indignes, que ferez-vous ?* — *Mon Père*, répondit J.-B. LECLÈRE, *mon embarras ne sera pas grand : je flétrirai ces membres, quels qu'ils soient.* — *Très-bien*, répliqua le Supérieur, *nous ne demandons qu'une chose : c'est que la lumière se fasse.* »

J.-B. LECLÈRE fournit encore un exemple de cette justice incorruptible dont *Horace*, à bon droit, aurait pu dire que les ruines du monde l'écraseraient avant de la faire prévariquer. Un historien de l'époque, ayant appris qu'il se disposait à lancer contre ses écrits un article des plus virulents, lui députa un de ses amis qui lui tint ce langage : « *M. M*** me charge de vous demander quel mal il vous a fait pour que vous vous déclariez son ennemi ?* » Voici la réponse : « *Je* *n'ai contre M. M*** ni haine, ni colère. M. M*** n'est point mon ennemi, mais l'ennemi de la vérité dont je me déclare le champion; qu'il cesse de la combattre, et cette main, armée de la plume pour le réfuter, se tendra vers la sienne pour la serrer avec affection.* » A ces paroles qui n'admettaient pas de réplique, l'inconnu s'inclina et sortit.

XVI.

J.-B. Leclère suspendit, pendant quelques mois, son travail sur l'Histoire des Jésuites, ou plutôt sur les *apôtres de la Réforme*, pour jeter les plans de deux nouveaux ouvrages. Le premier aurait eu pour sujet : *Le prêtre ou la société au Moyen-âge ;* le second eût été nommé : *Le prêtre ou la société à la fin du dix-huitième siècle*. Il travailla de loin en loin à ces deux ouvrages, durant le reste de sa vie. On peut regretter qu'il n'ait pu les achever ; ils n'auraient pas offert moins d'intérêt que la première publication. Il m'a lu un grand nombre de passages qui renfermaient des beautés d'un ordre supérieur. Chacun de ces ouvrages, d'après le plan qu'il avait conçu, devait avoir au moins quatre volumes. On peut assigner à peu près la valeur d'un volume à chaque manuscrit qui en reste : ce sont des ébauches trop peu avancées pour avoir quelque valeur.

Presque dans le même temps, J.-B. Leclère fournissait à l'*Invariable*, recueil mensuel imprimé à Fribourg sous les auspices de M. le comte *O'Mahony*, un grand nombre d'articles philosophiques de la plus haute portée. Il y analysait presque en entier un ouvrage de *M. de Saint-Victor* sur *l'origine du pouvoir*, et prenait de là occasion d'exposer ses propres doctrines. Il prouvait, par des arguments serrés, que tout pouvoir découle de Dieu même, selon le mot du grand Apôtre, et montrait que la puissance royale, lorsqu'elle a voulu méconnaître son céleste principe, en cessant d'agir sous l'influence immédiate de Dieu et de son Eglise, a toujours dégénéré en despotisme, pour s'éteindre ensuite dans les horreurs de l'anarchie.

Son projet le plus cher, dans ces dernières années, était de prouver la mission de *saint Denis l'aréopagite dans les Gaules*, conformément à la tradition de l'Eglise Romaine. Il nous apprend lui-même quel était son but, dès la première page de son manuscrit : « Saint Denis l'aréopagite a-t-il été réellement envoyé par le pape *saint Clément* pour prêcher la Foi dans les Gaules? Est-il réellement l'auteur des ouvrages qu'on lui attribue? Cette double question, si simple en apparence, mais la plus compliquée au fond, la plus difficile à éclaircir, parmi toutes les questions que puisse débrouiller la philologie religieuse, a remué les écoles du XVIe et du XVIIe siècle. Elle est d'une importance inouïe, parce que, selon qu'elle est résolue négativement ou affirmativement, elle implique l'Eglise. Elle ébranle ou elle prouve, aux yeux de tout sceptique qui s'en inquiète : 1° l'antiquité de la juridiction et de la suprématie du vicaire de Dieu ; 2° la nature divine et immuable du catholicisme. En effet : 1° si le troisième pape *saint Clément* a envoyé *saint Denis l'aréopagite* fonder l'Église dans les Gaules, cet acte d'autorité apostolique prouve que l'exercice de la suprématie du Saint-Siége date du commencement même du Christianisme, et qu'il n'a pas dû son origine, comme le prétendent ses ennemis, à des empiétements successifs et séculaires sur les droits des autres évêques, qui, à les entendre encore, étaient, dans le principe, les égaux de l'évêque de Rome; 2° Si *saint Denis l'aréopagite* a écrit lui-même les ouvrages marqués de son nom, comme ces ouvrages primitifs traitent exclusivement des dogmes, des mystères, de la discipline et de la liturgie du catholicisme, tous les systèmes protestants et philosophiques perdent base et s'écroulent en poussière : notre religion n'a pas été l'œuvre progressive du temps. » — J.-B. Leclère, convaincu de la vérité de ces paroles du comte Joseph de Maistre : « *Depuis trois cents ans l'histoire est une conspiration permanente contre la vérité* » a mis à ce travail d'érudition la même persistance qu'il avait employée pour tous les autres. Il a donc traité à fond la question de l'apostolat de saint Denis l'aréopagite dans les Gaules, au premier siècle. Il s'est rué, comme il le dit lui-même, jusqu'au plus profond des sources qui n'avaient été qu'effleurées, et le résultat de ses investigations fut une masse de preuves, sur lesquelles il crut pouvoir asseoir les bases d'une certitude absolue. Les écrits qu'il a laissés sur ce sujet accusent des travaux inouïs et des recherches si nombreuses qu'on peut affirmer qu'il a épuisé la matière. Puissent, un jour, et bientôt, les studieux dépositaires de ses manuscrits donner au complet ce trésor d'érudition ecclésiastique !

Les RR. PP. Jésuites de Bourges, également possesseurs du manuscrit sur les apôtres de la Réforme, ont le dessein de le transcrire. Puissent-ils de même triompher des difficultés que leur oppose l'original, et livrer à l'impression une œuvre intéressante pour la défense de la vérité !

L'ouvrage sur saint Denis me rappelle des détails édifiants pour le lecteur et que je ne dois point passer sous silence. Au milieu des recherches continuelles que nécessitait son travail, il arrivait que J.-B. Leclère se trouvait arrêté par un obstacle invincible. La chaîne des documents se rompait quelquefois pour lui, et il ne trouvait rien pour remplir cette lacune. Alors, ne consultant plus que les inspirations de cette foi ardente qui *aurait transporté les montagnes*, il pratiquait un jeûne sévère et ne prenait que du pain et de l'eau dans ses repas. Le matin même de ces jours de pénitence, il se rendait à pied à la ville de Saint-Denis. Là, prosterné devant les reliques du bienheureux martyr, il implorait son aide et ses lumières, et retournait plein de confiance à Paris. Sa pieuse attente ne fut jamais trompée : lorsqu'il était de retour dans la bibliothèque, le premier ouvrage sur lequel il portait la main était souvent le manuscrit précieux qui renouait le fil de ses recherches. Dans une autre circonstance, il se trouva encore arrêté par une difficulté insurmontable : il s'agissait de réfuter l'erreur qu'avaient accréditée, touchant la prédication de l'Evangile dans les Gaules, les écrits de saint Grégoire de Tours et de Sulpice-Sévère. Que fit-il? Il se mit à prier avec ardeur ces deux saints, causes innocentes de sa perplexité, de vouloir bien lui venir en aide pour éclaircir ses doutes. Sur ces entrefaites, il partit pour Aubigny, vers la fin de 1846, sans avoir pu trouver la solution désirée. A peine arrivé dans cette ville, il y fit rencontre d'un bon religieux de Bourges, qui lui parla de ses travaux. J.-B. Leclère faisait part de l'embarras qui l'arrêtait, quand le religieux, l'interrompant tout à coup, lui mit en mains un vieux livre qu'il avait apporté par hasard de son couvent. Ce livre précieux réfutait précisément les textes des deux saints historiens.

Nous avons encore bien d'autres manuscrits volumineux sur la Jurisprudence, la Politique, la Philosophie, l'Histoire et l'Eglise. On y trouve aussi une réfutation de *Voltaire*, de *Pierre Leroux*, un traité intitulé : *l'Esprit religieux*, appliqué au droit criminel, et un discours *sur la vérité*. Telle est la liste des nombreux ouvrages de J.-B. Leclère que je ne fais qu'indi quer. Si je voulais me livrer à une simple analyse, il me faudrait des volumes, et les bornes de cette notice n'y suffiraient pas. Il est malheureux qu'il n'ait pas donné davantage à l'impression ; car il ne laisse, dans ses manuscrits, que quelques parties au net ; le reste se compose de brouillons très-difficiles à déchiffrer. On peut avancer, sans craindre l'exagération, que ses écrits réunis fourniraient au moins la matière de cinquante volumes ! Et l'auteur de tant d'ouvrages mourut à trente-sept ans ! Et il faut retrancher à peu près quatre années sur le temps qu'il consacra à ses prodigieux travaux, puisqu'un mal d'yeux intense le força à un repos de deux ans, et que les deux dernières années de sa vie furent absorbées par des prières continuelles ! A le voir ainsi plongé dans l'étude, on pourrait croire qu'il était animé par le désir, bien naturel à l'homme, de se survivre dans ses ouvrages. Voici cependant un trait qui montre quelle influence la Foi exerçait sur son cœur. Son père lui représentait un jour qu'il serait bien fâcheux que la mort vînt l'atteindre avant d'avoir mis au net tous ses écrits ; l'humble chrétien fit cette belle réponse : « *Mon père, si la mort me surprend avant de pouvoir transcrire mes brouillons, il arrivera l'une de ces deux choses : ou il se trouvera quelqu'un à qui la Providence fournira les moyens de déchiffrer et de mettre au jour tout ce que j'ai fait, ou mes œuvres indignes de paraître seront condamnées à un éternel oubli. Dans ce dernier cas, je m'écrie d'avance : Que la volonté de Dieu soit faite; que son saint nom soit béni !* »

XVII.

Jusqu'ici je n'ai parlé que de l'écrivain, du travailleur érudit : il me reste maintenant à faire connaître l'homme charitable, le chrétien exemplaire. — Un jour que J.-B. LECLÈRE (il était alors élève en rhétorique) retournait à sa pension, des cris déchirants frappent son oreille. Ému jusqu'au fond des entrailles, emporté par son cœur, il se précipite vers la maison d'où partent ces cris, et aperçoit une mère qui maltraitait sa petite fille avec une espèce de rage : — « *Pourquoi, Madame,* lui dit-il, *battez-vous cette enfant avec tant d'inhumanité? quel mal a-t-elle donc fait? — Le mal qu'elle a fait,* réplique cette femme furieuse, *c'est qu'elle vient de casser, par sa maladresse, une bouteille pleine de vin, et je n'ai pas le moyen d'en acheter une autre. — Eh bien!* reprend le jeune collégien, *est-ce une raison pour la fouler aux pieds comme vous le faites? Tenez, voici pour la bouteille cassée et pour le vin répandu.* » En achevant ces paroles, il glisse dans la main de cette femme une pièce de cinq francs et s'esquive promptement comme s'il avait fait une mauvaise action.

Peu de temps après sa conversion, il se promenait seul dans le jardin du Luxembourg. La nuit qui s'avançait, commençait à faire disparaître la clarté du jour dans les allées les plus ombragées. Arrivé derrière un massif, il entend des sanglots et une conversation à mi-voix. Il s'arrête, il prête l'oreille, et reconnaît avec horreur qu'il s'agit d'un de ces marchés honteux, plus communs à Paris qu'on ne pense, où une mère vend à prix d'argent l'honneur de sa fille. Transporté d'indignation, il s'élance au milieu d'un groupe dont le bosquet lui dérobait la vue, et aperçoit, malgré l'obscurité naissante, un vieillard à cheveux blancs, une femme d'un certain âge, et une jeune fille de quinze à seize ans, tout éplorée.... Animé, comme Daniel, d'un saint zèle, il s'écrie avec force : « *Vieillard impudique, que faites-vous? La prostituée ne suffit donc plus à vos abominables convoitises : il vous faut encore l'innocence pour les assouvir! Aveugle que vous êtes! vous ne voyez donc pas la mort attachée à vos pas chancelants! Fuyez, ah! fuyez au plus vite, si vous ne voulez pas que je vous dénonce à la police.* » A ces mots, le vieillard baisse la tête et disparaît. J.-B. Leclère, se tournant ensuite vers l'indigne mère, lui adresse ces paroles : « *Malheureuse! qui a pu vous pousser à commettre un pareil crime? — La misère,* lui répond l'inconnue d'une voix étouffée. — *Eh bien! voici mon adresse : venez me trouver demain matin, et je verrai ce que je pourrai faire pour vous.* » Cette femme, en effet, vint le trouver à l'heure dite, et, pendant plusieurs mois, il fournit à elle et à sa fille le pain journalier que réclamait leur indigence.

Un de ses amis nous a raconté de lui cette autre anecdote : « Absent pour affaires, depuis plusieurs heures, je m'empressais de retourner à mon domicile, lorsque je vis, au détour d'une rue, Leclère marchant à grand pas ; il portait une pile de livres, et trois ou quatre pauvres le suivaient à distance. Poussé par la curiosité et soupçonnant un acte de bienfaisance, je m'attache à sa suite, sans hésiter, car il ne m'avait point aperçu. Je le vois entrer chez un libraire ; les pauvres l'attendaient à la porte. Une minute après, il sort, tire de ses poches de l'argent, le distribue et s'écarte avec vitesse. Je compris tout : à bout de ressources, il venait de vendre quelques-uns de ses livres les plus précieux pour soulager encore une fois l'humanité souffrante. » — Il avait gardé jusqu'à sa mort un loyer de sept cents francs. Comme dans les dernières années de sa vie il n'habitait plus la capitale, son père lui conseillait de faire venir ses meubles et d'abandonner son loyer. A cette observation, il répondait en souriant : « *Mon père, il faut encore attendre; il serait possible que je retournasse à Paris plus tard, pour y continuer mes travaux.* » Le père ne pensait plus à cet incident, lorsque son fils lui montrant une lettre qu'il venait de recevoir, lui dit : « *Mon père, tu peux maintenant faire venir mes meubles de Paris; la raison qui m'engageait à les y laisser n'existe plus : je reçois la nouvelle de la mort de ma portière.* » Pour rendre ces paroles intelligibles, il faut dire que J.-B. LECLÈRE donnait à cette femme une somme assez considérable pour avoir soin de ses appartements, et que, sans cette assistance, elle n'aurait pu se suffire. Il a encore payé, pendant près de vingt ans, un autre loyer en faveur d'une pauvre veuve qui avait eu recours à sa bienfaisance. Que dis-je? le loyer est toujours payé; *M. Leclère père,* digne continuateur des bonnes œuvres de son fils, n'a pas voulu que sa mort laissât sans ressource les malheureux pour lesquels il était une seconde providence. Sa charité a interprété comme un ordre venant du ciel certaines paroles de son fils. En voici un exemple : Un jour qu'un honorable père de famille, qui voulait placer son enfant dans un petit séminaire, leur exposait à l'un et à l'autre l'embarras où il se trouvait pour parvenir à son but, LECLÈRE *fils* lui répondit : « *Ne vous inquiétez point : Dieu y pourvoira.* » Quelques mois après, le fils n'était plus, et le père, frappé de cette parole de consolation, s'est constitué lui-même l'instrument de la Providence de Dieu.

XVIII.

Le mal d'yeux dont souffrait J.-B. LECLÈRE allait toujours croissant ; déjà il ne reconnaissait plus les personnes à la distance de quelques pas. Malgré toutes les précautions imaginables, rien ne soulageait cette vue malade. En vain avait-il renoncé totalement au travail ; en vain s'était-il interdit la lecture d'une manière absolue, et avait-il fait placer des tentures vertes ou bleues dans tous ses appartements. Les murs blancs de l'église lui causaient une telle douleur, qu'il voyait avec épouvante arriver le moment où il serait forcé de ne plus assister aux cérémonies religieuses. Il se résignait d'avance, avec le calme d'un vrai chrétien, à cette terrible épreuve d'être aveugle, si jeune encore, quand un de ses amis lui conseilla de recourir aux prières du prince *de Hohenlohe*. La terre lui manquait, il regarda le ciel. Une lettre fut donc adressée au prince-évêque, qui promit une *neuvaine* à partir du 1er mars 1843. C'était le mercredi des Cendres ; ce premier jour de pénitence publique fit naître dans nos cœurs un grand espoir. Mon ami, plein d'une sainte ferveur, s'empressa d'unir ses prières à celles du digne prélat. Dès le premier jour, il remarqua une certaine amélioration dans sa vue ; chaque jour était signalé par un progrès nouveau : c'était un pilier de l'église qu'il avait aperçu, une inscription qu'il avait pu lire, un tableau qu'il avait découvert, une personne qu'il avait reconnue à une assez grande distance, la lumière qu'il avait contemplée sans éprouver aucune douleur. Enfin, le neuvième jour, à la Messe où il allait communier, au moment de la Consécration, il sentit comme un craquement dans les organes visuels, comme quelque chose qui s'ouvrait. Un attendrissement extraordinaire dont il fut saisi lui fit comprendre que la main de Dieu venait de passer sur ses yeux. Le cœur palpitant de reconnaissance, il court, au sortir de la Messe, à la maison paternelle pour se jeter dans les bras de ses parens, et leur faire part de son bonheur. Sa pieuse mère, à la vue de ce fils qui la considérait avec des yeux brillants, s'écrie hors d'elle-même : « O *mon ami! le ciel est dans tes regards.* » Il vint me trouver moi-même quelques heures après, pour me faire partager les transports de sa joie.

Voici comment il donnait, dans une lettre, les détails de sa maladie, en annonçant sa guérison; les lecteurs apprécieront par là ce qu'elle eut d'extraordinaire : « Mes yeux ont été guéris par une *neuvaine* commencée le 1er mars, au mercredi des *Cendres*, et qui s'est terminée le 9 du même mois, le jeudi de la première semaine du Carême. Le mal a duré trois ans : fatigue causée, dans le principe, par l'excès du travail sur les livres, surtout à la lumière du gaz, à la bibliothèque Sainte-Geneviève, à Paris.—Guéri à l'âge de 30 ans. — Le mal déclaré soudain un soir, à la bibliothèque, par l'impossibilité de garder l'un des yeux ouvert — inflammation très-vive à la cornée — le mal atteint bientôt l'autre œil — obstination momentanée à revenir au travail — redoublement du mal. — L'application du nitrate d'argent détruit l'inflammation ; mais malgré ce mieux extérieur, impossibilité d'application sans des douleurs violentes.— Impression continuelle dans les yeux : du gravier qui y serait jeté.... Le mal, après plus de deux ans de persistance, arrive à son comble.... Le malade est contraint de passer les soirées sans lumière, abrité contre la vue du feu et souvent les yeux fermés. A deux pas de distance, il ne distingue plus le visage d'une personne. » C'est cette vue si détériorée qui recouvra subitement sa première vigueur, le 9 mars 1843. « *J'y vois maintenant,* écrivait-il, *comme à 15 ans.* »

Il fit *vœu*, à cette occasion, de donner un lustre, en l'honneur de *S. Martin*, à l'église de sa paroisse natale. Pressentant sa fin prochaine, il s'occupa avec activité à accomplir dignement ce vœu de sa reconnaissance, et, onze jours avant sa mort, il composa l'inscription suivante, destinée à être déposée dans un des globes du lustre :

« Après avoir souffert durant trois ans d'un mal d'yeux auquel l'art des hommes consulté, même à Paris, n'apportait aucun soulagement, j'eus recours à Monseigneur le Prince DE HOHENLOHE, qui voulut bien entreprendre pour moi une neuvaine, à quatre cents lieues de ce pays, en Hongrie.

« Le 9 mars 1843, dernier jour de la neuvaine, dans cette sainte église où j'assistais, en union avec le Prince, au saint sacrifice de la

Messe, entre l'Élévation et la Communion, je fus entièrement guéri.

« Depuis sept ans que ce miracle a été opéré sur moi, très-indigne pécheur, ma vue n'a point cessé d'être bonne, et je suis heureux de pouvoir accomplir aujourd'hui, Saint MARTIN, ô mon père, le vœu que j'avais fait de vous offrir et de suspendre ce lustre dans le chœur de votre église, comme un mémorial de ma guérison. Permettez, je vous prie, qu'il soit aussi, devant vous, une figure de la grande lumière de la Foi, que je désire voir rayonner en ces contrées, dont vous êtes l'immortel, l'admirable protecteur !

« Chaque fois qu'il sera allumé devant le SAINT-SACREMENT, daignez, je vous en conjure, demander à Notre Seigneur JÉSUS-CHRIST que vous y adorez, la grâce que cette figure devienne bientôt une réalité, afin que les habitants d'Aubigny et des alentours aiment et servent de tout leur cœur celui que vous louez depuis si longtemps vous-même dans l'éternelle splendeur des Cieux.

« Très-sainte Mère de DIEU, intercédez pour nous !

« Saint JOSEPH, écoutez-nous !

« Saint Martin, priez, priez, priez pour nous !

« Jean-Baptiste Leclère.

« Aubigny, le 6 avril 1850. »

Cette guérison extraordinaire marqua, dans sa vie, une ère nouvelle. Il vit, dans cette faveur céleste, un appel de Dieu à une vie plus sainte, et il s'élança dès lors, à pas de géant, dans les voies de la perfection chrétienne. Pendant deux mois, le sentiment de sa gratitude envers le Seigneur ne lui permit autre chose « que de prier et de pleurer sous le poids de son bonheur, auquel se mêlait le souvenir amer de ses fautes passées et la confusion de toutes ses indignités présentes. » Ainsi s'exprime son humilité dans une lettre au P. de Hohenlohe.

XIX.

Il attachait à la question de la première mission chrétienne dans les Gaules une si grande importance, qu'il avait fait vœu, s'il était guéri, de s'y appliquer tout entier. Il retourna donc à Paris, au commencement de l'année scolaire 1843-44, pour continuer ses recherches dans les bibliothèques publiques. Une circonstance douloureuse le rappela en octobre. Sa bonne mère, dangereusement malade, réclamait sa présence auprès d'elle. Malgré la célérité de son départ, il n'arriva que pour l'embrasser, pour recueillir les derniers témoignages de sa tendresse, et pour être témoin des admirables sentiments de cette forte chrétienne.

Madame *Leclère* rendit son âme à Dieu, le dimanche 6 octobre 1844. Dès que la nouvelle de cette mort fut connue dans Aubigny, elle y causa un deuil général. Elle était si douce, si affectueuse pour tout le monde !... Les pauvres surtout furent consternés : dans la mère de mon ami, ils perdaient une bienfaisante mère. —Consolez-vous, membres souffrants de J.-C.! Vous ne serez pas délaissés. Près de ce lit funèbre que vous contemplez à travers vos larmes, est en prières un digne et fidèle héritier de celle que vous pleurez. Vous retrouverez dans le fils toute la sollicitude charitable de la mère. — Ce fils chrétien n'imita pas la conduite de ces enfants légers, pour ne rien dire de plus, qui ensevelissent en même temps et le corps et le souvenir de leurs proches. On le vit, à l'édification de toute la ville, venir prier chaque matin sur la tombe de celle dont il avait reçu la vie ; jamais il ne manqua à ce pieux devoir. On le vit souvent y demeurer une heure en oraison, agenouillé et la tête nue, par le froid le plus rigoureux, quelquefois même au milieu des tourbillons d'une neige épaisse, ou sous les ondées d'une pluie glaciale.

Quelques années après, lorsque la piété d'un saint prêtre eut élevé, dans la campagne, un petit oratoire en l'honneur de *S. Alphonse de Liguori*, J.-B. Leclère, qui avait une grande dévotion pour ce saint évêque, passait de la tombe de sa mère à cet oratoire, et oubliait, dans la ferveur de ses prières, les intempéries des saisons. Il allait encore se prosterner devant la croix *de bon conseil*, dont le souvenir sera toujours cher aux habitants d'Aubigny, depuis que le père et le fils ont fait restaurer ce monument sacré. Ces trois stations devinrent un pèlerinage de tous les jours pour mon ami, jusqu'au moment où la maladie dernière vint l'attacher au lit dont il ne devait plus descendre. Quel parfum de charité s'exhalait de son cœur attendri et passait dans ses paroles, lorsque, après ces promenades pieuses, il allait visiter les pauvres et les malades !...

XX.

Après la mort de sa mère, il passa à Aubigny les années 1845 et 1846; la piété filiale lui faisait un devoir de rester auprès de son père, pour épargner à sa douleur un trop cruel isolement. Partageant son temps entre la prière et l'étude, il édifiait les habitants de sa ville natale par l'exemple de toutes les vertus.

Dieu l'éprouvait souvent dans son travail : quelquefois, à l'abondance de l'inspiration succédait l'aridité la plus complète, au point qu'il restait souvent une quinzaine de jours sans pouvoir formuler une pensée. A d'autres époques, il se voyait forcé d'abandonner un sujet d'étude pour passer brusquement à un autre. Il souffrait, sans se plaindre, ces variations qui font le tourment des auteurs. « *Je suis*, me disait-il, *un bâton dans les mains de Dieu; que sa sainte volonté s'accomplisse en tout et pour tout.* » Cette paisible résignation, qui ne se démentit jamais dans les dernières années de sa vie, prenait sa source dans une humilité profonde.

Comme l'arbre qui voit tomber une à une,

sous le souffle des vents d'automne, les feuilles qui faisaient sa parure, J.-B. Leclère avait laissé s'éteindre peu à peu au fond de son ame, sous le souffle de la Charité, tous ces sentiments d'amour-propre que nous caressons avec tant de complaisance. Les idées de grandeur et de gloire qui obsèdent le mortel jusqu'à sa dernière heure ne lui apparaissaient plus que comme une faiblesse digne de pitié. A force de se persuader qu'il n'était rien, il en était venu jusqu'à douter de son propre talent, ou, s'il était contraint d'en reconnaître la trace, il s'empressait bien vite, dans sa pieuse reconnaissance, d'en rendre hommage au divin dispensateur de tout don. Telle fut son HUMILITÉ.

Parlerai-je de sa PURETÉ ?

Elle resplendissait sur son front et dans ses regards, et sa conduite au pensionnat d'Aubigny et au Collége l'a montré, sur ce point délicat, irréprochable dès son enfance. Le vice contraire soulevait d'horreur son âme innocente. Il conserva toujours la même pudeur facile à s'alarmer. Je l'ai fait voir plus haut aux prises avec la tentation la plus séduisante pour un cœur de jeune homme, et le lecteur ne peut avoir oublié ce que lui inspira d'héroïque le sentiment de la vertu. Dans le temps qu'il s'abandonnait à un déplorable scepticisme, on a remarqué toujours dans ses mœurs la plus extrême réserve. Depuis que la grâce divine en eut fait un chrétien décidé, jamais un mot, jamais un geste, jamais un sourire ne lui échappa, qui pût effaroucher un œil ou une oreille angélique. Ce qu'il était forcé de voir ou d'entendre d'inconvenant faisait à son cœur une blessure profonde. Ce sont, sans aucun doute, ces heureuses et rares dispositions pour la plus aimable et la plus fragile des vertus qui lui ont inspiré de bonne heure une dévotion si tendre, si constante pour l'auguste mère de Jésus, la reine des Anges.

Sa PATIENCE a été l'œuvre d'une grâce puissante et de ses plus pénibles efforts, qui eurent à lutter contre une nature essentiellement rebelle. Doué d'un caractère franc, mais vif et impétueux, il bondissait à la moindre contrariété. L'ingratitude, l'injustice, dont il fut trop souvent victime, lui faisaient pousser des cris d'indignation. Lorsqu'il eut commencé à suivre les voies du Seigneur, il s'appliqua si bien à dompter ce caractère violent, qu'il acquit, au bout de quelques années, un calme imperturbable. Je l'ai vu plusieurs fois sourire quand une conversation fortuite lui rappelait certains actes de déloyauté qui avaient, à un autre temps, excité l'éclat de sa colère.

Rien ne pouvait lui faire perdre la sérénité d'âme dont ses traits portaient l'empreinte. Si cependant un mauvais procédé jetait brusquement au fond de son cœur un reste d'émotion, il courait aussitôt se prosterner au pied de son crucifix, et, à la vue des plaies du Sauveur, il reprenait cette tranquillité qui caractérise surtout le chrétien.

Il lui fallut moins d'efforts pour acquérir la plus belle des vertus : la CHARITÉ ; avant que la sainteté l'eût rendu charitable, la nature l'avait fait bienfaisant. Louer en lui cette vertu, c'est me rendre l'écho de la reconnaissance publique, aujourd'hui que partout, dans son pays natal, on proclame son ardente sollicitude pour découvrir et soulager les malheureux ; aujourd'hui qu'on s'empresse à l'envi de révéler les mystères de ses aumônes. On aurait dit qu'il ne souffrait jamais : sans cesse occupé des maux d'autrui, il semblait perdre le sentiment des siens. On l'a vu, quelques jours avant sa mort, oublier ses grandes douleurs pour accueillir d'un air affable les personnes qui venaient le visiter, pour les interroger sur leur santé, et leur demander des nouvelles de leur famille. Il m'a dit dans plusieurs entretiens intimes : « *Je ne désire faire un riche mariage, que pour étendre et multiplier mes bonnes œuvres ; Dieu qui voit le fond de mon cœur sait bien que telle est toute mon ambition.* »

Si la charité le portait avec force à faire du bien aux autres, elle ne le détournait pas moins vivement de tout ce qui pouvait leur nuire ou leur déplaire. La médisance ne sortait jamais de ses lèvres, et si, parfois, il était forcé de l'entendre, son air attristé indiquait sa peine intérieure : ou il gardait le silence, ou il détournait adroitement la conversation.

Je viens d'écrire quelques mots sur sa charité pour le prochain, et je n'ai rien dit de sa charité pour Dieu : c'est que *celui qui aime le prochain*, selon le grand Apôtre, *a accompli toute la loi*. Et, en effet, quand l'amour du prochain va jusqu'à la tendresse, jusqu'au sacrifice, il ne peut procéder que de l'amour de Dieu, dont il est une vive et frappante expression. On n'aime pas les pauvres, les malades, les affligés de toute sorte, comme les aima J.-B. Leclère, sans aimer avant tout et par-dessus tout Dieu lui-même. Aussi, sa piété fervente se manifestait de toutes manières, et son humilité ne pouvait en maîtriser les élans. — On l'entendait souvent s'écrier : « *Oh! que le Seigneur est bon!* » — On voyait ruisseler ses larmes pendant la célébration des Saints Mystères et même au simple chant des psaumes. — Aimer Dieu était pour lui un si grand bonheur, il en éprouvait quelquefois de si douces consolations, qu'il ne pouvait s'empêcher de dire au fond de son âme, comme Saint François-Xavier : « *Assez, assez, mon Dieu! assez pour un pécheur comme moi.* » — Dans ses longues et ardentes prières, son visage s'épanouissait sous le plus aimable sourire, et ses yeux fixes semblaient contempler quelque objet surnaturel, quelque vision céleste. — Au plus fort de l'hiver, il passait deux ou trois heures à genoux, au pied des autels. Comme je lui représentais un jour qu'il altérait sa santé en s'exposant ainsi à un froid rigoureux : « *Mon ami,* me dit-il, *je n'ai jamais froid à l'église.* » Il assistait au sacrifice de la Messe avec une ferveur de Séraphin. Dans les transports de son amour et oubliant sans doute en ce moment le monde entier, il s'écria une fois d'une voix forte, en étendant ses bras vers l'autel : « *Mon Dieu! mon Dieu!!!* ».

Quelques jours avant sa mort, le soir du jeudi saint, entendant le digne curé d'Aubigny prêcher d'une manière touchante la Passion du Sauveur, il en fut pénétré jusqu'au fond des entrailles. Dans son amour pour Dieu, il s'imaginait d'abord que tous les pécheurs présents à cette prédication allaient se convertir; mais bientôt une triste réflexion navrait son cœur, en lui faisant connaître que la plupart de ces hommes demeureraient endurcis, et que la semence de la parole de Dieu tomberait encore inutilement sur une terre ingrate. — Lorsqu'il se promenait dans la campagne par un beau jour d'été, le spectacle que lui offraient les pompes de la nature faisait jaillir à chaque instant de son cœur des cris d'amour et d'enthousiasme. Cette voûte sans nuage illuminée des feux du soleil, cette terre verdoyante et diaprée que foulaient avec joie une infinité d'êtres si variés, cet air pur qui retentissait de chants harmonieux, les arbres et les fleurs, la ruche où bourdonnait l'abeille industrieuse, l'active fourmilière qui s'agitait à ses pieds, le calme majestueux d'une belle nuit, le firmament étincelant d'étoiles ou argenté par la pâle clarté de la lune, tout, dans la nature visible, saisissait ses regards observateurs, tout transportait son âme reconnaissante et retraçait à sa mémoire les sublimes élévations du roi-prophète : « *Que vos œuvres sont magnifiques, ô mon Dieu ! tout révèle votre sagesse ; tout est plein de votre grandeur. Quàm magnificata sunt opera tua, Domine ! Omnia in sapientiâ fecisti ; impleta est terra possessione tuâ* (Ps. 103).

Sa FOI, qu'alimentaient sans cesse la prière et l'étude de l'Ecriture et des vérités saintes, était plus ferme que le roc vif. Son esprit, que le doute avait naguère *fait flotter à tout vent de doctrine*, jouit toujours, depuis sa conversion, de la plus constante quiétude. L'enfer a pu l'attaquer avec violence ; la faire vaciller, jamais. C'est cette foi si pure et si inflexible qui inspira au jeune converti d'aller, pour ainsi dire, à la sortie du confessionnal, déclarer à ses protecteurs et amis sa conviction chrétienne et son dévouement absolu à la religion catholique, apostolique-romaine. Il n'hésita même pas à aborder avec fermeté un ministre fameux, qui l'avait patroné jusque-là, et le duc d'Orléans, son camarade de collége. Le ministre lui représenta vainement les avantages qu'il allait perdre : « *Mon parti est pris*, répondit le croyant catholique, *je ne veux plus vivre que pour l'Eglise ; là seulement est la vérité, et vous le savez bien....* » Le grand politique laissa échapper alors cet aveu remarquable : « *Il est vrai que nous manquons de base.* » Le *Prince royal*, hélas! fit une réponse de caserne. Longtemps après, quand J.-B. LECLÈRE apprit sa mort fatale, il écrivit à M. *Dumont* ces douloureuses paroles : « *L'infortuné prince ! lui aussi me disait il y a quinze ans : Quelle folie ! pourquoi nous quitter ? restez avec nous. Il sait maintenant combien j'avais raison !...* »

C'est sa foi qui donnait tant de force et de verve à ses écrits, qui mettait dans sa bouche des accents si puissants pour convaincre ou confondre les incrédules. Elle se manifestait encore avec éclat dans ses moindres démarches, dans ses conversations comme dans ses livres, par le plus profond respect pour ce qui tient à la Religion, et surtout par un dévouement et une vénération sans limites pour le Pape, les évêques et les prêtres. N'a-t-il pas voulu, dans ses ouvrages, restituer au *Prêtre* « cette incarnation du principe sacré de l'existence des peuples, » le respect qui lui est dû par la société? Il s'élevait jusqu'à l'cnthousiasme, lorsqu'il parlait du Prêtre. « Quelle plus noble et quelle plus grande figure, s'écrie-t-il dans la préface de son roman, que celle du Prêtre, apparaît à travers les siècles? En supposant que la fin des âges soit venue, et qu'avant de mourir nous-mêmes, nous puissions jeter un coup-d'œil en arrière sur les ruines de l'univers, parmi la poudre des empires écroulés et les ténèbres des sociétés éteintes, quel plus sublime fantôme que celui du prêtre verrions-nous surgir des tombeaux du monde? »

Son ESPÉRANCE en Dieu n'était pas moins vive, pas moins ferme que sa foi. Elle possédait réellement cette ancre symbolique avec laquelle on représente cette vertu, comme fixant au Ciel même, dans une heureuse immobilité, le cœur de l'homme juste. Les convulsions sociales, les bouleversements anarchiques, non plus que les assauts de l'enfer, n'auraient pu ébranler son âme chrétienne. Au milieu des horreurs de la tempête, sur les ruines du monde, il se serait encore écrié : « *Espérons en Dieu!* »

XXI.

La piété n'avait, dans J.-B. LECLÈRE, « rien de sombre, ni de contraint ; il était du commerce le plus agréable avec ses amis. Il avait le rire naïf d'un enfant, avec la maturité d'un vieillard et la régularité d'un religieux. » Je puis ajouter à ce témoignage de M. *Dumont*, le *cher maître* dont il a été si bien connu, qu'il avait pour ses amis aussi une réserve extrême que l'homme du monde aurait pu qualifier de *tolérance*. Je le dis à ma honte : pendant plusieurs années, tandis que, près de moi, il marchait avec ardeur dans les sentiers de la vertu chrétienne, moi, son indigne ami, j'errais au hasard dans les nuages de l'indifférence religieuse. Dans cet état malheureux d'où m'a tiré la miséricorde divine, sollicitée par ses ardentes prières, il ne lui arriva jamais de m'adresser une seule remontrance directe. Évitant ces airs de sévérité et de tristesse, qui trop souvent écartent plus qu'ils ne ramènent, il conservait toujours pour moi, avec un cœur tout dévoué, une figure aimable et souriante. La seule arme qu'il opposait à mon endurcissement était le spectacle éloquent de ses exemples. Plus tard, lorsque, poussé, entraîné par une force heureusement irrésistible, je lui annonçai que je ne me contentais plus d'être chrétien de nom, mais que je voulais encore l'être par la foi et par les œuvres, il m'embrassa avec transport, et me serrant dans ses bras : « *Mon ami,* me dit-il, *vous me rendez bien heureux ; il y a longtemps que j'attendais ce précieux moment ; je le demandais à Dieu de toute mon âme; mais je ne vous aurais jamais fait connaître l'ardeur de mes désirs.* » — Un an avant sa mort, comme une de ses cousines lui témoignait son étonnement de ce que, moi encore, son ami intime, je ne faisais point partie de la confrérie de *S. Liguori*, il lui fit cette réponse : « *Hélas! c'est avec douleur que je le vois éloigné de cette sainte association, et pourtant, je ne lui en parlerai jamais.* » Ce vœu de mon ami, je l'ai réalisé devant son lit funèbre, en prière auprès de ses restes vénérés. Je lui ai promis de combler, autant qu'il serait en mon pouvoir, le vide immense que laissait sa mort prématurée dans les rangs des *Ligoriens*. Jusque-là, je m'étais dit : *Je ne suis pas digne d'entrer dans une telle*

Confrérie; et l'esprit satanique parvenait à me dissimuler un respect humain pitoyable sous le voile spécieux d'une fausse modestie.

XXII.

J.-B. Leclère alla passer à Paris l'année 1847, pour y augmenter le trésor de ses provisions érudites : ce fut son dernier séjour dans la Capitale. Il était auprès de son père quand la révolution de Février 1848 apprit une fois de plus à la France qu'il n'y a rien de stable ici-bas que Dieu seul, qui dirige à son gré, contre la prudence des sages humains, le cours des événements. S'il redouta les conséquences de cette catastrophe, ce fut pour la France elle-même, pour ses proches, pour ses amis ; ce ne fut pas pour sa personne. En effet, que pouvaient contre lui les orages politiques? La région qu'habitait son âme contemplative était inaccessible à leurs atteintes. Les méchants, en le frappant, n'auraient fait qu'ajouter un fleuron à sa couronne ; en le dépouillant de ses biens, ils auraient dépouillé les pauvres; en lui donnant la mort, ils lui auraient ouvert le Ciel.

Il eut encore à déplorer, à cette époque, une perte dans sa famille : son aïeule paternelle mourut dans un âge avancé. La douleur que lui causa cette mort fut grandement allégée par la confiance que cette pieuse chrétienne était allée rejoindre au Ciel sa bienheureuse mère. Un mot seulement sur cette sainte femme : elle ne se plaisait qu'à l'église, et y passait la plus grande partie du jour en colloques familiers avec le divin Hôte de nos tabernacles. Mon pieux ami, que tout semblait concourir à détacher de ce monde, prit occasion de ce nouveau deuil dans sa famille, pour s'adonner plus généreusement encore à la pratique de la perfection chrétienne.

XXIII.

Au milieu de toutes les afflictions qu'il traversait, il conservait toujours sa douce sérénité, et même cette aimable gaîté qui charmait tous ceux qui l'approchaient : c'est que son âme surabondait des consolations de la grâce divine. Cependant, destiné qu'il était par la Providence à passer par toutes les épreuves, il eut à subir, dans ses exercices de piété, cette sécheresse, cette stérilité qu'il avait supportées souvent avec tant de résignation dans ses travaux littéraires. Sa paix n'en fut pas troublée. Voici ce qu'il en écrivait à M. *Dumont*, le 25 juin 1848 : « Je ne lis, ni ne réfléchis, ni ne prie même avec des prières mentales ; mais je ressens un invincible attrait pour le Maître de la vérité.... Je vois ce que j'éprouve minutieusement décrit par le B. *Jean de la Croix*. On ne peut plus méditer, et l'on arrive à une espèce de contemplation confuse qui consiste, pour les novices, à n'avoir plus pour oraison qu'une impression vague de l'adorable présence de Dieu qui nous enveloppe comme un nuage. Tantôt cette impression d'amour devient sensible et l'on pleure abondamment ; tantôt elle est si subtile que, tout enchaîné qu'on y soit, on reste sec. L'âme, comme suspendue dans le vide, invisiblement arrêtée, espérant les ailes qui lui manquent, est perdue dans le sentiment de sa misère et de sa bassesse, en face d'une majesté qui, en même temps, l'attire et la repousse. Cette oraison est fatigante ; mais quand on revient à la réalité vulgaire, quelles que soient les occupations et les distractions, on goûte la paix intérieure et la joie. L'humilité, pleine d'onction et de charité, voudrait embrasser tout le monde, même un *communiste*. *Fénélon* est le seul auteur moderne qui ait, en ce moment, de l'attrait pour moi. »

XXIV.

J.-B. Leclère avait désiré vivement la vocation religieuse ; mais dès qu'il fut convaincu que cette vocation lui était refusée, il se regarda comme condamné (ce sont ses propres expressions) à rester dans le monde pour consacrer à la défense de l'Eglise, *en renonçant par vœu à tout salaire*, les faibles ressources d'un esprit que les ennemis de la vérité sainte avaient commencé d'incliner au mal. Son père et sa mère, voyant qu'il ne se prononçait point pour la vocation religieuse, formèrent la résolution de le marier. Fils unique, doué des qualités les plus solides et les plus aimables, possesseur d'une belle fortune, il devait, suivant les apparences, obtenir facilement un parti avantageux : il n'en fut rien ! Plusieurs combinaisons matrimoniales se nouèrent : aucune ne parvint à un dénouement favorable. Les commencements semblaient promettre une prompte réalisation, et toujours un obstacle imprévu coupait court à toutes les démarches. Il est à remarquer d'ailleurs que la plupart des jeunes personnes dont il rechercha la main furent enlevées à la tendresse de leurs parents, par une mort prématurée. La Providence, qui lui avait refusé la vocation religieuse, ne voulut pas non plus qu'il fût engagé dans les liens du mariage.

Ainsi tout lui échappait dans le monde, où, selon les prévisions humaines, tout devait lui réussir ; ses travaux mêmes d'érudition religieuse avortaient dans ses mains : au moment où il les poussait avec le plus de vigueur, des ouvrages analogues à ceux qu'il préparait étaient jetés dans le public. Une lettre à M. l'abbé R...... expose de point en point les déceptions successives qui sont venues l'atteindre, et fait voir quelles conséquences en tira sa pieuse résignation :

« Aubigny, 3 février 1849.

« Très-cher ami,

« . . . .

J'ignorais ce que vous m'apprenez au sujet de

S. Denis : depuis longtemps, néanmoins, j'avais l'idée que cette petite épreuve me viendrait. Je ne connais encore l'ouvrage de M. *Faillon* que par un article du dernier n° de la *Bibliographie* sur le 1er in-4°. Cela me prouve que la partie de mon sujet, relative à nos saints et saintes de la Provence, m'est enlevée. Je me faisais une joie de rendre justice à l'apostolat de *Ste Marie Madeleine*, de son frère, de *Ste Marthe*, etc., etc. Il est impossible qu'un in-4° n'ait pas épuisé la matière. La *Bibliographie* annonce, pour son prochain N°, un article sur le second volume. Je l'attends pour savoir un peu à quoi m'en tenir. Évidemment ce second volume traite de *S. Denis* et de tous les autres saints du premier siècle qui composaient mon sujet. M. *Darboy* avait déjà rogné mon travail par sa traduction ; M. *Faillon* va rendre le reste de mes travaux amoncelés inutile : c'est ma destinée littéraire depuis que je tiens une plume. J'écris LE PRÊTRE : ce livre meurt et fournit des idées d'exploitation qui réussissent. Ma *préface* sur les Jésuites circule tout de suite parmi les bureaux du journalisme légitimiste, et un journaliste de ce parti écrit l'*Histoire de la Compagnie de Jésus*. Je publie le commencement de *Jean Hus* : vite, un impie s'empare du sujet, et, pendant que j'ai mal aux yeux, il publie, dans un sens détestable, mais enfin il publie tout mon sujet. Lorsque j'écrivais les premières ébauches de *Luther, Calvin, Henri VIII,* etc., un beau matin, je voyais paraître le *Luther* d'*Audin*, etc. Enfin, mon sujet de *S. Denis* me restait intact : vous savez le reste. Tout cela me fortifie, mon cher ami, dans la pensée que ma carrière d'écrivain est finie. Grâce à Dieu ! après un jour de vague tristesse involontaire, j'ai pris ma résolution en brave. Je dépose donc, aux pieds de *S. Denis* et de ses disciples, tout le petit bagage de mes fatigues et de mes travaux inachevés. Que d'autres, plus dignes, plus purs et plus capables, labourent les landes de l'érudition religieuse. Au-dessus de ma bonne volonté, il y a une volonté qui a infiniment raison de m'éprouver dans mon plus grand faible, qui était d'être un défenseur de la Foi. Je reconnais ma présomption de plus en plus. Je crois que tout ce que Dieu me demande, c'est de coopérer à devenir un jour, par sa sainte grâce, un homme d'oraison. Priez-le donc qu'il daigne permettre que je quitte tout, jusqu'à me bien quitter moi-même, pour trouver tout.... Je suis délivré d'un grand fardeau, et je suis dans la joie. Vive JÉSUS ! vive MARIE !... *S. Denis,* je l'espère, ne m'aimera que mieux en me voyant docile. »

XXV.

J.-B. LECLÈRE, ainsi « délivré de la moindre préoccupation scientifique (c'est toujours lui qui parle), se livra, avec une paix profonde, à ce travail qui consiste à édifier en nous l'homme spirituel, travail d'autant plus important pour chacun de nous et pour la société elle-même, qu'il est bien vrai que l'homme pacifique est beaucoup plus utile que l'homme savant. Si cette vérité était bien sentie, ajoutait-il, une foule de livres inutiles ne seraient pas écrits, et, au lieu de la multitude d'écrivains sans génie dont elle est encombrée, l'Église de France, aujourd'hui, aurait des saints qui feraient sa force aux yeux du monde, en même temps que leurs vertus et, peut-être, leurs miracles feraient sa joie, et seraient la gloire de l'Église universelle. »

Ce sont ces pensées, profondément gravées dans son cœur, qui le portèrent, dans les dernières années de sa vie, à joindre toutes les pratiques de la mortification et de la pénitence qui nous édifient dans la vie des Saints aux exercices continuels de l'oraison et de la charité la plus active. Le vendredi de chaque semaine, il ne mangeait qu'un morceau de pain sec, le matin, pour attendre jusqu'à cinq heures un dîner toujours très-modeste. Il observa continuellement ce jeûne rigoureux, tous les jours du Carême, des Vigiles et des Quatre-Temps. Il ne buvait que de l'eau à tous ses repas, depuis plus de douze ans. Il se levait à cinq heures du matin, et employait toute la matinée à la méditation et à la sainte Messe. Il prolongeait souvent ses oraisons du soir au-delà de minuit. La seule récréation qu'il accordait à sa santé plus qu'au plaisir était une promenade accélérée d'une heure, après son déjeuner. C'était aussi une grande concession, en fait de délassement, quand il rendait visite à ses amis. — Trois ou quatre ans avant sa mort, il n'eut plus pour couche que de la paille jusqu'à la dernière semaine de sa vie. Au milieu des souffrances de la maladie, il ne demanda jamais à la remplacer par une couche plus délicate, et le jour qu'il fut placé sur un matelas, il fit acte d'obéissance à la volonté paternelle. Dans la ferveur dont il était rempli, il regardait comme bien peu de chose les privations qu'il s'imposait. Il aurait voulu mourir sur une planche, au pied de son crucifix et de la statue de la sainte Vierge : il n'osa pas demander *cette faveur* à son père.

XXVI.

Tant d'abnégation, tant de ferveur, tant de foi ne pouvaient rester sans récompense même ici-bas. Ce n'était plus seulement de l'estime que lui accordaient les habitants d'Aubigny, édifiés par sa vie exemplaire : c'était un tribut de vénération. Plusieurs malades, plusieurs affligés, pleins de confiance en l'efficacité de ses prières, lui demandaient des *neuvaines*. S'il n'eût écouté que les inspirations de son humilité, il eût peut-être opposé comme un obstacle invincible ce nom de *pécheur* qu'il se donnait sans cesse; mais la charité, cette autre vertu qu'il pratiquait si bien, lui faisait une loi d'essayer tout pour être utile à ses semblables. Il se résigna donc à prier pour son prochain d'une manière toute particulière, et, pour des guérisons déterminées, à prier toujours ! Résolu de se donner tout entier à la pratique des œuvres de miséricorde, il embrassa *à grands bras et cordialement* (ce sont ses paroles) *le petit sacrifice de dix ans d'études préparatoires, désirant abandonner au bon plaisir de Jésus des paperasses aussi nombreuses que les pierres de la cathédrale de Bourges.* Dieu lui fit connaître alors, par une guérison extraordinaire, qu'il recevait son sacrifice comme un encens d'agréable odeur, et qu'il le destinait à une carrière nouvelle. D'autres guérisons succédèrent bientôt; l'effet en fut tel, que tous les malades, comme à l'envi, réclamèrent ses prières. Le bruit de sa puissante intercession auprès de Dieu se répandit bientôt dans les campagnes; on accourut auprès de lui de cinq à six lieues à la ronde. Un seul malade ne pouvait plus être compris dans une *neuvaine,* la même en renfermait quelquefois jusqu'à vingt. Une *neuvaine* n'était pas achevée, que déjà une autre avait son nombre complet. Ces prières incessantes le fatiguaient beaucoup, car il faut dire qu'il portait le scrupule jusqu'à dire les mêmes prières pour chaque malade en particulier ; ainsi, une *neuvaine* pour quinze personnes se répétait quinze fois. Comme il était exténué, il se rendit enfin au sage conseil d'une de ses cousines, et fit désormais, dans une *neuvaine*, une seule prière collective pour tous les malades qui en faisaient partie. Ce fut alors qu'il ne s'appartint plus ; ses amis intimes, qui le voyaient journellement, s'imposèrent l'obligation de le visiter le moins souvent possible, pour ne pas dérober des heures précieuses aux affligés dont il était l'espoir. Chaque jour voyait arriver auprès de lui ou des malheureux pour réclamer ses bonnes prières, ou des personnes guéries, pour lui témoigner leur reconnaissance. Quand on lui présentait des enfants atteints de maux que la science déclarait incurables, il baisait avec respect leurs plaies purulentes; étaient-ils guéris, il les embrassait avec transport, et levait vers le ciel des yeux étincelants de joie. Son bonheur était de visiter ses chers malades. Abrité par le toit de chaume ; assis sur un escabeau auprès de l'âtre où brillait parfois un feu modeste, il s'informait avec bonté, non-seulement de la personne pour laquelle il priait, mais encore des besoins de la famille, et, par de douces consolations, il relevait les courages abattus. La discrétion, la douceur, la gaîté même avec lesquelles il faisait ces bienfaisantes visites, enlevaient autour de lui l'admiration et la reconnaissance. Je ne crains pas d'affirmer que les guérisons obtenues par ses prières ont atteint le nombre de cinquante, si toutefois elles ne l'ont pas dépassé. Ma mémoire serait impuissante à les énumérer avec détail; je ne puis qu'en fournir un aperçu rapide. Ici, il obtient la guérison d'un enfant aveugle-né; là, c'est un autre enfant sur le point de perdre les yeux par suite d'un mal incurable qui couvre sa tête; J.-B. LECLÈRE prie pour lui : la tête redevient saine, et les yeux recouvrent l'éclat et la vivacité. — Un malade, dont les forces sont épuisées par les accès d'une fièvre maligne, va succomber devant ce mal incessant : malgré tous leurs soins, les médecins découragés se retirent en annonçant que la science des hommes ne peut plus rien, et que la mort est inévitable. Dans cet état désespéré, la famille inconsolable fait un appel à la charité de J.-B. LECLÈRE. Il accourt en toute hâte; il dit aux parents qu'il va prier immédiatement pour leur malade. A cette annonce, l'espoir renaît dans ces cœurs désolés ; toute la famille unit ses prières à celles du serviteur de Dieu. Dès les premiers jours, la maladie s'arrête ; bientôt un mieux marqué se fait sentir, et quelques mois après, notre malade, comme Lazare arraché de la tombe, parcourait les rues d'Aubigny, et publiait avec transport le bienfait inespéré de son rétablissement.— Une femme dont un cancer dévorait le sein, et que la médecine avait abandonnée, implore les prières de mon pieux ami. Une *neuvaine* a lieu ; le cancer disparaît dans le cours même de la *neuvaine*, et la malade bénit le ciel ainsi que le nom de son puissant intercesseur. — Une autre femme qu'un mal horrible clouait sur un lit de douleur, était privée d'aller à l'église depuis plusieurs années ; elle obtient, à la fin d'une *neuvaine*, une guérison complète, et court s'agenouiller au pied des autels pour y remercier Dieu et pour prier à son tour en faveur de celui qui pria si bien pour elle. Que dirai-je de plus ? La reconnaissance en longs échos ne signale-t-elle pas les plaies fermées et cicatrisées, l'homme perclus rendu à la vie active, la force remplaçant la faiblesse et détruisant une maladie de langueur, les fièvres malignes disparaissant devant une santé florissante? On voudrait en vain invoquer le doute; les faits sont là, il faut céder à cette preuve incontestable. Aussi un docteur en médecine, convaincu de cette vérité, disait-il un jour à un de ses clients qui venait le consulter : « *Allez trouver M. Leclère; il est plus grand médecin que nous tous.* » Ce charitable médecin, puisque nous pouvons l'appeler ainsi, ne s'appartenait plus; il était tout entier aux malades qui imploraient son assistance. Conversation d'amis, repas de famille, oraison même, tout était interrompu pour ne pas faire attendre une minute le malade ou l'infirme qui se présentait à lui, et que couvraient souvent les habits délabrés de l'indigence. Il mettait à les accueillir le même empressement qu'eût mis un ambitieux à recevoir sous son toit le grand de la terre, dispensateur des places les plus convoitées.

XXVII.

Le terme d'une si belle vie est arrivé ; le Seigneur a pesé dans la balance de sa justice les bonnes œuvres de son fidèle serviteur, et il les a trouvées assez nombreuses. Sa vie, il est vrai, n'a été qu'un passage; mais ce passage forme un enchaînement de victoires, de sacrifices, de bienfaits.

Le soir du 8 avril, où l'on avait célébré la fête de l'Annonciation, où il avait offert sa dernière communion, en l'honneur de l'auguste mère du divin Rédempteur, J.-B. Leclère se sentit atteint de la fièvre qui devait le ravir à la terre; il se coucha pour ne plus se relever. La maladie fit des progrès effrayants : après quatre ou cinq jours, il tomba dans un assoupissement dont il ne sortait qu'avec peine. Tout le temps qu'il eut sa pleine connaissance, il fut ce qu'il avait toujours été, bon, affable, oubliant ses douleurs pour s'occuper encore de vos intérêts, pour s'informer de la santé de votre famille. Je n'oublierai jamais les tendres paroles qu'il m'adressa dans un de ces douloureux instants : « *Mon ami, pardonnez-moi d'être maussade.* » Et il était d'une douceur ravissante!... Tant qu'il put prier, il s'occupa de *ses* malades; on le voyait s'efforcer de continuer une *neuvaine* commencée, balbutier des oraisons et agiter encore son chapelet dans ses mains défaillantes. Quand la maladie ne lui permit plus que d'articuler quelques paroles incohérentes, on l'entendit s'écrier d'une voix assez forte : *l'aumône, l'aumône!* Ces derniers mots, ces soupirs de son âme charitable, résumaient bien toute sa vie. Il avait déjà perdu toute connaissance lorsque le prêtre lui administra l'Extrême-Onction ; mais il avait accueilli avec joie les exhortations qui lui avaient proposé ce secours divin des infirmes. Il ne put recevoir le Saint-Viatique ; car déjà sa bouche se refusait au moindre aliment. Le mercredi 17 avril 1850, à 3 heures du matin, il rendit sa belle âme à son Créateur, en présence de son vénérable père, de parents et d'amis désolés.

XXVIII.

Ce trépas fut signalé dans Aubigny comme une calamité publique. La multitude éplorée se porta à la maison mortuaire et vint s'agenouiller près du lit du défunt. Durant deux jours que le corps resta exposé, l'affluence ne cessa point ; la chambre était remplie depuis cinq heures du matin jusqu'à dix heures du soir. Là, se voyaient indistinctement le riche et le pauvre, l'homme pieux et l'impie ; tous fléchissaient le genou devant ces restes vénérés, et le plus grand nombre déposaient un baiser religieux sur cette face toujours belle que la mort n'avait pu défigurer. Les mères s'estimaient heureuses de faire reposer la tête de leurs enfants sur ces lèvres inanimées. Le second jour, les habitants des campagnes accoururent en foule à leur tour ; une influence secrète, mystérieuse, dominait les esprits et domptait les plus rebelles. On a entendu les plus indifférents s'écrier : « *Il faut que j'y aille ; quelque chose m'y pousse.* » Dans les derniers moments, on apportait sans cesse des chapelets, des images, des médailles, qu'on approchait respectueusement de la tête de l'homme juste ; d'autres recueillaient dans des mouchoirs, dans du linge, le sang qui s'échappait quelquefois de sa bouche entr'ouverte, et tous remportaient précieusement dans leurs habitations ces différents objets devenus à leurs yeux de saintes reliques. Dès le matin de l'enterrement, une certaine agitation se faisait remarquer par toute la ville ; on eût dit un jour de fête. Les habitants des communes voisines arrivaient de toutes parts pour assister à la cérémonie des funérailles ; les rues balayées témoignaient de la vénération publique, et les ouvriers, désireux de suivre le convoi, avaient obtenu de leurs maîtres que la matinée de ce jour fût pour eux consacrée au repos. Quand le clergé, composé de tous les prêtres des environs, se présenta à la demeure du défunt, une foule compacte garnissait déjà la cour et les appartements. Des membres de la confrérie de Saint Alphonse de Liguori, dont J.-B. Leclère était, pour ainsi dire, le fondateur, voulurent porter eux-mêmes ce corps, objet de leur vénération. Au moment même que le cortége funèbre franchissait le seuil de la maison mortuaire, une scène déchirante, impossible à décrire, porta l'émotion dans tous les cœurs : cette scène était causée par les adieux touchants qu'adressait, du haut d'une fenêtre, un malheureux père à son fils unique. Oh ! alors, vous n'eussiez plus entendu partout que cris et sanglots. C'était une désolation générale. Pourtant les larmes qui mouillaient tous les yeux n'avaient aucune amertume ; la ferme espérance que celui qui les faisait couler jouissait déjà dans le ciel de la récompense qu'avaient méritée ses bonnes œuvres, mêlait à la douleur une espèce de joie. La cérémonie fut imposante : la multitude qui se pressait à la suite du cercueil, encombrait les rues et les places par où passait le cortége. Quand le corps fut présenté au seuil de l'église, qui, malgré sa vaste enceinte, ne put contenir tous les fidèles réunis, déjà la grande nef était remplie par une foule empressée. A la vue de cette pompe religieuse, de ces honneurs si bien mérités, de ce catafalque surmonté d'un dais recouvert d'un drap noir; à la vue de ces tentures de deuil qui garnissaient le chœur dans toute son étendue, de ce peuple innombrable, en habits de fête, on était prêt à se demander avec étonnement : Suis-je ici à une cérémonie funèbre ou à une des grandes solennités du culte catholique? Si le spectacle qu'offrait l'intérieur de l'église pendant le Saint Sacrifice avait quelque chose de sublime, celui que présentait le cortége se déroulant au dehors n'avait pas moins de grandeur. L'aspect de ces dalmatiques, de ces ornements sacerdotaux, de cette longue file de surplis, de ces bannières flottantes, sous un soleil radieux qui, les jours précédents, avait refusé sa lumière, faisait dire aux spectateurs émerveillés : Nous n'assistons pas ici à l'enterrement d'un chrétien, mais au triomphe d'un saint. Avant même que le cortége arrivât au cimetière, la foule en garnissait déjà les alentours. Quelques personnes s'attendaient à un discours ; mais rien ne fut prononcé. A quoi bon une oraison funèbre? Cette oraison funèbre n'était-elle pas dans toutes les bouches? Les larmes qui coulaient sur tous les visages, les prières, les sanglots et les cris qui retentissaient autour de cette tombe n'en tenaient-ils pas lieu? Quand le moment de jeter de l'eau bénite sur le cercueil fut arrivé, et que le célébrant eut annoncé que les membres de la famille viendraient immédiatement après le clergé, des voix nombreuses s'écrièrent : *Il était notre frère à tous, nous sommes tous de la famille.* Belle et touchante parole! Voilà bien la fraternité que produit la charité chrétienne!

Cette cérémonie devait finir par la scène la plus attendrissante. La multitude qui encombrait le cimetière commençait à peine à s'écouler, lorsqu'un des parents du défunt se rencontra, près de la fosse encore béante, avec sa femme dont il était séparé depuis vingt-cinq ans. Aussitôt, par un mouvement spontané, irrésistible, les deux époux s'élancent tous deux et tombent en pleurant dans les bras l'un de l'autre. Tout le monde regarda cette réconciliation comme un miracle; car il est à remarquer que J.-B. LECLÈRE y avait travaillé en vain pendant sa vie. Deux autres parents du défunt se convertirent subitement, à la vue de l'affluence qui se portait à son lit funèbre. L'un d'eux, au sortir de la maison mortuaire, alla se jeter aux pieds d'un prêtre pour se réconcilier avec son Dieu. — Quinze jours après cette cérémonie funèbre, dont tous les cœurs étaient encore pénétrés, une autre cérémonie révéla encore d'une manière éclatante et inattendue la vénération qui s'attacha tout de suite à la mémoire de J.-B. LECLÈRE. Le dimanche après sa précieuse mort, M. le curé annonça en chaire que huit jours après, à l'issue des Vêpres, on se rendrait à la maison de *M. Leclère père,* pour y prendre et transporter un *Crucifix* donné à l'église et une *Vierge* destinée à l'hospice. Ces deux objets avaient appartenu au défunt. Rien ne devait être plus simple que cette cérémonie; on se demande même comment M. le curé avait eu l'idée de faire processionnellement cette translation. Pendant la semaine, on apprend dans la ville et dans les campagnes ce qui a été annoncé au prône.... et voilà qu'au dimanche marqué une foule plus nombreuse même qu'à l'inhumation se présenta, comme un seul homme, à la modeste cérémonie, dans l'ordre et le recueillement le plus parfaits....

XXIX.

Le corps de J.-B. Leclère était à peine déposé dans sa dernière demeure, que M. le curé d'Aubigny, interprète d'un vœu public, demanda à *M. Leclère père* de vouloir bien faire élever une chapelle sur la tombe de son fils. *M. Leclère* répondit que puisque ce désir était pour la plus grande gloire de Dieu, il n'avait rien à refuser aux habitants de la ville. Les ouvriers furent mis aussitôt à l'œuvre. Une foule de pieux visiteurs, malgré les travaux commencés, vinrent prier chaque jour sur la tombe du serviteur de Dieu, et joncher de fleurs la terre bénie de sa sépulture. Depuis que l'édifice est terminé, l'affluence a doublé, et l'autel au pied duquel repose le saint jeune homme est littéralement chargé de bouquets et de couronnes. A quelque heure du jour qu'on se présente, il est rare qu'on n'y trouve point quelqu'un agenouillé. Le dimanche surtout, une multitude de fidèles y vont prier tour à tour. Tous y contemplent avec attendrissement le vénérable père du défunt, qui consacre à son fils tous les instants qu'il peut dérober aux affaires et aux soins matériels de la vie. Cette chapelle, où déjà il a fait préparer sa fosse, est pour lui l'asile le plus cher. Elle renferme les dépouilles mortelles de sa mère, de sa digne épouse, d'un fils unique!... Il y respire, près de leurs tombes chéries, le parfum de leurs vertus ; il y apprend à vivre comme ils ont vécu ; il demande à mourir comme ils sont morts, dans l'amitié de Dieu. — Ayez confiance, ô bon père, cette grâce suprême ne vous manquera pas : ceux qui vous ont précédé dans les tabernacles éternels vous y introduiront eux-mêmes. Continuez vos bonnes œuvres ; continuez votre vie de douleur et de patience jusqu'au jour fixé par la divine sagesse : si votre récompense est retardée, elle n'en sera que plus magnifique!...

XXX.

Deux tables de marbre noir placées l'une à droite, l'autre à gauche de l'autel, rappellent aux pieux visiteurs de la chapelle funèbre de grandes vérités, de grandes leçons et de grands exemples.

Sur le marbre, à gauche, sont gravés ces mots :

†

JÉSUS. MARIE. JOSEPH.

AU PIED DE CET AUTEL
REPOSE,
EN ATTENDANT LA RÉSURRECTION BIENHEUREUSE,
LE CORPS DE JEAN-BAPTISTE LECLÈRE,
DÉCÉDÉ LE 17 AVRIL 1850.
PRIEZ POUR LUI.

IL A PEU VÉCU,
MAIS, PAR SES BONNES ŒUVRES,
IL A FOURNI UNE LONGUE CARRIÈRE.

LA VIE SANS TACHE
EST UNE HEUREUSE VIEILLESSE.

LA MÉMOIRE DU JUSTE
EST ACCOMPAGNÉE DE LOUANGES.

UNE VILLE EST ÉLEVÉE EN GLOIRE
PAR LA BÉNÉDICTION DES JUSTES.

Proverbes x, xi.

La table de marbre, à la droite de l'autel, porte cette inscription :

†

JÉSUS. MARIE. JOSEPH.

A LA MÉMOIRE

DE JEAN-BAPTISTE LECLÈRE !

TOUS CEUX QUI L'ONT CONNU

ONT ÉTÉ ÉDIFIÉS DE SA FOI ET DE SA PIÉTÉ.

FILS VRAIMENT CHRÉTIEN,

IL A ÉTÉ LA JOIE DE SON PÈRE ET DE SA MÈRE.

SES AMIS ONT APPRÉCIÉ

SA SAGESSE ET LA BONTÉ DE SON CŒUR.

LES PAUVRES ONT BÉNI SA CHARITÉ.

DE NOMBREUX MALADES ET INFIRMES

ONT ÉPROUVÉ LA VERTU DE SES PRIÈRES.

APRÈS DIEU ET LE SAUVEUR JÉSUS,

IL METTAIT TOUTE SA CONFIANCE EN MARIE,

EN S. JOSEPH, EN S. MARTIN,

EN S. ALPHONSE DE LIGUORI.

PRIEZ POUR LUI.

Les *morceaux* que j'ajoute ici, et qui sont la plupart *inédits*, compléteront bien, ce me semble, la *vie* édifiante que je viens de raconter. Cette parole connue : — *Le style, c'est l'homme* — est vraie surtout quand il s'agit des amis de Dieu : leur foi et leur piété respirent dans leurs écrits. On le remarquera sans doute dans ces pages de J.-B. Leclère, où sa plume suivait si bien les inspirations de son cœur.

I.

A JOSEPH DE MAISTRE.

Je vous salue, puissant écrivain, profond penseur ! vous avez vécu, vous avez travaillé, vous êtes mort solitaire. Ce siècle, où vous passiez tout haletant des saintes fatigues de la science, ne vous comprenait pas. Pour les uns, vous veniez trop tôt ; pour les autres, vous veniez trop tard. Vous parliez une langue que ceux-ci haïssaient, que ceux-là méprisaient : haine stupide qui puisait sa source dans l'ignorance, mépris hypocrite qui cachait son origine dans les mystères d'un complot ourdi contre la vérité dont vous êtes le champion sans reproche et sans peur.

Alors vous avez jeté la bonne semence à la face même de la sédition, au risque que cette semence ne retombât que sur les pierres, ou dans les épines du chemin. Puis, comme ces envoyés de Dieu accueillis par des injures aux portes de Ninive et de Babylone, vous avez secoué ici-bas, avec un douloureux, un sublime dédain, la poussière de vos pieds ; et vous êtes parti. Depuis ce départ, que de changements il y a déjà eu sous le soleil ! L'ignorance dépaissit peu à peu ses ténèbres dans les hautes régions du monde. L'hypocrisie se prend elle-même dans ses piéges ; l'erreur qui, naguère encore, ô de Maistre ! vous flétrissait du stigmate de sa rage, l'erreur impuissante à bâtir partout où le champ du combat lui est resté, dans la politique, dans les lettres, dans les arts, dans les sciences, se consume et s'épuise à dissimuler en vain le néant de ses héros et de leurs œuvres aux yeux de ce siècle stupéfait qui l'avait adorée, et qui la verra mourir.

Quand la tombe aura imposé son éternel silence à des vanités prodigieuses qui nous étourdissent par leur turbulence, et qui se drapent fièrement dans quelques lambeaux de renommée tout souillés de la boue des apostasies, vous qui ne vous êtes point agenouillé dans cette fange, pour y ramasser le fruit impur et amer de la *popularité ;* vous qui n'avez point trahi la croyance de vos pères, ni pollué l'autel, ni brisé le trône ; vous qui n'avez point la foi aux lèvres et l'incrédulité dans le cœur ; vous qui n'avez ni épouvanté les hommes, ni consterné les Anges par une effroyable chute ; la justice qui vous est rendue dans les cieux vous sera rendue sur la terre !

Les générations qui se préparent, les enfants qui crient à la mamelle, un jour te salueront et t'applaudiront, aigle de la Sardaigne, qui as si longtemps plané vers la lumière en n'entendant, pour tout écho à ton essor immense, que le bruit de tes ailes. Confusion dont pour ma part je rougis et j'ai honte : il n'y a pas quinze ans encore, ô de Maistre ! lorsque votre nom retentissait par hasard sur les bancs de cette philosophie mondaine, dans ces écoles de Sodome, où ma génération apprenait sourdement la révolte contre le pouvoir d'en haut et contre les puissances d'en bas, en s'abreuvant et en s'enivrant d'une science mauvaise, servie à flots troubles dans l'auge des Pyrrhon, des Lucrèce et des Epicure; quand, dis-je, votre nom retentissait là, il répandait parmi nous, jeunes insensés, le frisson de la colère, ou l'angoisse de l'effroi; car les pâles philosophes, les pédants livides qui nous enseignaient et nous fanatisaient ne parlaient de vous que d'une manière sinistre. A les croire, vous étiez le précurseur de la barbarie! et nous citant des phrases tronquées, des passages mutilés de vos livres, ils plissaient leurs fronts, ils ébouriffaient leurs cheveux, ils ouvraient de grands bras lugubres, et affectant un air courroucé, ils s'exclamaient: Quel monstre que cet homme! il voue un culte au bourreau! Et nous, de répéter avec terreur: Quel monstre! il voue un culte au bourreau! Mais notre indignation montait à son comble, quand ils vous appelaient *ultramontain*. C'est qu'après le mot *jésuite*, celui-là était le plus terrible, le plus fantastique dans le vocabulaire du jargon philosophique. Quel homme de ce temps-ci n'a-t-il point fortement ému? La cabale en inventa-t-elle un dont la puissance occulte exerçât plus d'empire sur la foule des esprits, sans qu'ils cherchassent même à s'en rendre compte? Sous le rapport du mal, ce mot signifiait tout: despotisme étranger, anarchie, superstition, ténèbres; mais qu'en sort-il donc de ce mot quand on le pressure, sinon du vent, de la fumée, de l'absurdité? Au pied de la lettre, ses inventeurs ne sont-ils pas vis-à-vis de Rome des ultramontains? Il est temps que le règne des phrases finisse! De Maistre, vous lui avez porté les plus rudes coups; aussi le fanatisme voltairien déchaîna-t-il contre vous toutes ses fureurs, toutes ses vipères; mais à quoi leur a donc servi tant d'acharnement? Ceux qui commencent à vous admirer remarquent-ils seulement, pour ainsi dire à vos pieds, athlète formidable, ce peu de poussière qu'y ont formé de leurs débris desséchés ces reptiles qui, s'étant en vain acharnés sur vos flancs, sont retombés morts de fatigue et de lassitude?

Au milieu de la lutte, vous avez prononcé un de ces mots qui doivent rester, un de ces mots qui résument le caractère le plus saillant d'une chose, soit d'une époque ou d'une institution, soit d'un système ou d'une école, et qui lui servent d'épitaphe glorieuse ou infamante. « Depuis trois siècles, avez-vous dit, l'histoire est une conspiration permanente contre la vérité. » Pour tout homme qui connaît à fond cette histoire, ou plutôt ce chaos, la sentence que vous lui appliquez le pénètre de part en part et l'inonde d'une clarté vengeresse, d'une clarté qui glisse sur les détails, qui ne frappe que rapidement l'ensemble, mais assez pour que l'on devine le reste et que l'on en frémisse. Ces mots, je ne puis les comparer qu'à ce vif trait de la foudre, aussi subtil qu'immense, et qui, d'un seul coup, découvre aux yeux toute l'étendue et tous les replis d'un abîme. Oui, depuis trois cents ans, surtout, le mensonge et l'imposture habitent l'histoire! Depuis trois cents ans l'histoire est devenue l'ignoble instrument de l'orgueil des sectes et de l'ambition des partis. Depuis que Martin Luther l'apostat se permit, pour ériger sa réforme, ce monument d'infamie éternelle, de plonger la main sacrilége du faussaire dans les deux codes sacrés de cet ancien et de ce nouveau Testament, qui étaient la charte écrite des droits et des devoirs de l'homme, le colossal témoignage de ses immortelles destinées, des légions de faussaires ont pullulé dans le monde, et, semblables à ces insectes rongeant les arbres et ne laissant pas une seule feuille sans la décolorer ni la flétrir, ils se sont acharnés à toute chose qui portait la marque du catholicisme, à toute institution coupable d'être née dans son sein, à tout homme ayant occupé une place illustre et joué un rôle glorieux dans l'Eglise! Quand je songe au poids de la tâche que l'amour de la vérité me fait entreprendre, dussé-je en être écrasé, j'éprouve du désespoir à l'idée que vous ne l'ayez point accomplie vous-même, puissant écrivain, profond penseur. Quelle éclatante réparation vous leur eussiez donnée, à ces nombreux martyrs de la calomnie, quelle magnifique histoire se serait déroulée sous vos mains, quel coup de lumière pour les uns, et pour les autres quel coup de tonnerre! Comme ces trois races d'imposteurs qui se sont succédé pour abuser trois siècles, protestants, jansénistes ou parlementaires et philosophes, eussent été dévoilés, montrés à nu jusqu'à la dernière fibre! Comme le souffle ardent de votre parole aurait fait évanouir du front des Pasquier, des Ellies-Dupin, des La Chalotais et de tant d'autres, cette vénération menteuse dont l'esprit de parti les orna, à la manière de ces domestiques qui, après avoir mis du fard aux joues des vieilles pécheresses, affichent pour cette beauté d'emprunt une admiration payée! Pascal lui-même, abordé enfin, assailli par un écrivain de sa trempe, aurait crié grâce dans les étreintes de votre inexorable logique, et demandé merci à votre érudition, devant laquelle ses *Provinciales* se seraient évanouies, comme un nuage brillant et léger se dissipe au soleil.

Dans le cours de vos sublimes considérations sur la papauté, l'un de ces jésuites *détestés* s'est offert à votre pensée et vous l'avez salué en ces termes : « Le miraculeux Xavier chasse devant lui le fabuleux conquérant de l'Inde; pour se faire suivre par des millions d'hommes, il n'appela point à son aide l'ivresse et la licence; il ne s'entoura point de bacchantes impures; il ne montra qu'une croix, il ne prêcha que la vertu, la pénitence, le martyre des sens. Que n'a pas fait saint Xavier? Il mourut à quarante-six ans, et n'en employa que dix à l'exécution de ses prodigieux travaux ; c'est le temps qu'employa César pour asservir et dévaster les Gaules. » Cette apologie, si courte et si pleine, n'est rien moins, dans sa concision lucide, que le fidèle miroir des vertus et des travaux de l'ordre tout entier! Après ce magnifique éloge, vous avez passé outre à d'autres points de vue. On dirait que vous obéissez au secret pressentiment qu'il ne vous reste que tant de journées pour accomplir votre course ; vous vous hâtez, vous vous hâtez ; mais en revanche vous fournissez la carrière d'un bond où tant d'autres ne pourraient hasarder quelques pas sans tomber épuisés et rebutés sur l'arène : c'est que vous avez tout de l'aigle, l'essor et le coup d'œil. A peine êtes-vous descendu dans l'un de ces précipices de l'abstraction, au bord desquels l'imagination a le vertige, qu'il est sondé! Encore une minute, et déjà vous vous épanouissez, à perte de vue pour les esprits vulgaires, dans les plus claires et les plus sereines régions de la métaphysique. Puis, par un contraste aventureux et superbe, à l'instant où on la croit encore aux nues, votre pensée s'échappe du sein des causes où elle se dilatait profondément, avec calme et avec majesté, pour descendre rapide, acérée comme la flèche, jusqu'à rase terre, afin d'y saisir brusquement un effet aussi important qu'obscur, dont l'on ne soupçonnait pas même l'existence ; et cet effet, aussitôt qu'elle l'a saisi, votre pensée l'emporte, et elle l'analyse, elle le dépèce, elle l'explique, tout en remontant aux cieux où elle règne! A l'instar de l'aigle qui du haut d'un lointain immense voit sa proie palpiter sur l'herbe, aux pieds du pâtre qui ne l'y aperçoit même pas, fond dessus, et l'a déjà déposée dans son aire, quand ce farouche enfant des bois, qui a senti le vent de ses ailes et a failli en être terrassé, n'est pas encore revenu de sa surprise et de son trouble.

Aussi, de Maistre, il n'y a presque pas un seul point difficile et ardu de la vaste matière que les écrivains religieux de ce temps doivent sillonner, où vous n'ayez laissé quelque chose de vous, une pensée lumineuse, une réflexion féconde, enfin une marque saillante, comparable à ces plumes qui attestent çà et là le passage de l'oiseau royal sur les sommets des rocs les plus aigus et les plus sourcilleux.

Dans l'une de vos intuitions prophétiques, vous avez dit : « Nous touchons à la plus grande des époques religieuses où tout homme est tenu d'apporter, s'il en a la force, une pierre pour l'édifice auguste dont les plans sont visiblement arrêtés. »

A cet édifice que la fin de ce siècle ne verra s'élever que de plusieurs coudées hors de terre, car la nature morale n'est pas moins lente que la nature physique à réparer en elle le ravage des tempêtes, sublime de Maistre, vous avez apporté, dans notre âge, le plus solide bloc. A l'exemple des nouveaux travailleurs chez qui la force est suppléée par l'ardeur, et qui cherchent, aux rayons d'une naissante aurore, des matériaux pour l'œuvre qui se bâtit mystérieusement, laborieuse fourmi, j'ai trouvé, je traîne mon grain de sable ; puisse-t-il avoir son humble place dans un interstice des grandes pierres que tant d'illustres hommes de la France, de l'Allemagne, de l'Angleterre et de l'Italie ont déjà érigées ! puisse ce petit grain faire son gîte à leur ombre, et, en s'attachant à leurs parois, contribuer à la croissance de l'édifice, comme cette molécule que la vague sème au rocher, que l'aquilon jette au flanc de la colline, et qui contribue insensiblement, pour sa portion d'atôme, à la croissance séculaire du géant !

II.

EXTRAIT D'UN DISCOURS

SUR LE SACERDOCE.

La société périra, si le prêtre, son fondateur, succombe dans sa nouvelle lutte contre l'esprit du mal. Cet esprit, changeant de forme et de nom chaque siècle, s'appelle aujourd'hui le *philosophisme*. Puisqu'il attaque le clergé avec tant d'acharnement, examinons leur origine à tous les deux, leur nature, leur génie et les effets qui résultent de leurs actions opposées. Le clergé peut compter pour ses titres dix-huit cents ans d'existence! De générations en générations, il a travaillé sans relâche à l'ordre social. C'est lui qui a posé les bases de l'édifice des états modernes. C'est lui qui a défriché les forêts, les landes et les marais de l'Europe. C'est lui qui conduisit l'Occident sur l'Orient, afin d'opérer, par ce choc colossal, la fusion civilisatrice de l'humanité des deux mondes. C'est lui qui, servant de médiateur entre les nations opprimées et les gouvernements oppresseurs, a ouvert des asiles aux souffrances du corps et un refuge sacré aux douleurs de l'âme. C'est lui qui épouvantait le crime des puissants avec les foudres du remords. C'est lui enfin qui, pâlissant dans ses veilles sur le mystère de la science, alluma le flambeau des arts et des lettres dans les ténèbres de la barbarie. Telle est en deux mots l'histoire du clergé.

Maintenant, examinons l'origine de son rival : certes elle ne se perd pas dans la nuit des temps ; il n'y a pas même un siècle que le philosophisme est né.

Le père spirituel du clergé s'appelait Jésus-Christ, qui mourut crucifié, victime de son amour pour le genre humain. Le père du philosophisme français s'appelait Voltaire. Le premier prêchait l'union, la fraternité des hommes, la charité du prochain, le pardon des injures, et il recommandait de rendre le bien pour le mal. Le second écrivait des tragédies, des comédies, des contes en vers et en prose, et, fulminant contre l'abus des grandeurs, il les cumulait ; ce philosophe ne pardonnait point à ses ennemis, il les calomniait et les haïssait à la mort ; ce philanthrope mourut dans les richesses, et il ne légua pas une seule parcelle de son immense fortune aux pauvres ni à des établissements de bienfaisance.

La doctrine du clergé, malgré les prétentions de ceux qui s'imaginent qu'un principe meurt comme un corps, après dix-sept siècles d'un enfantement prodigieux de bonnes œuvres et de grands hommes, produisit encore *Vincent de Paul* et *Fénélon*. Le philosophisme, après seulement quelques années d'essai, produisit.... *Marat* et *Robespierre*. Le Christ enseigna la paix pour régénérer le monde. Le philosophisme entreprit la régénération française par le procédé des échafauds. C'est ainsi qu'il mutila les trois piliers de l'ordre social : l'autel, le trône et la noblesse ; il accusait ces trois pouvoirs d'être les ennemis du peuple... qu'ils avaient civilisé ! Pourtant, ô philosophisme, lorsque les chrétiens devinrent les apôtres de la civilisation, ils eurent contre eux des empereurs, des chevaliers, des sénateurs, des ministres des dieux, et ils pouvaient leur reprocher l'oppression de l'univers ; cependant ils n'employèrent ni le feu, ni le fer pour chasser le paganisme du trône, du temple, de l'armée et de la tribune.

Mais, paix aux fautes des uns et aux crimes des autres; bientôt un demi-siècle séparera la France de cet abîme de calamités. Vainqueur du clergé, le philosophisme a tout ébranlé, s'il n'a point encore tout démoli; néanmoins ses disciples ont crié: Liberté absolue! Tous les Français, quels que soient leurs titres et leurs rangs, sont égaux devant la loi! Tous les Français jouiront des droits civils, et par conséquent des droits politiques, en remplissant les exigences de la loi; oui tous.... sauf un seul. Mais qu'est-il donc, cet homme, pour mériter ce bannissement moral des droits de la nation? Est-il étranger? Non, et d'ailleurs un étranger peut se faire naturaliser. Est-ce un interdit? un faussaire? un voleur? un forçat? un individu mort civilement? Non, cet homme est honnête, doué de raison, plein de probité. Pourquoi les partisans du philosophisme conspirent-ils donc, par leurs actions et par leurs paroles, à l'exclure du bénéfice de la loi?.... Pourquoi? parce que c'est un *Prêtre!*

Mais cet homme que le philosophisme voudrait exiler de la chose publique, afin de la manier seul à sa guise, répond à son implacable ennemi : « Quel mal ai-je fait, pour que vous me proclamiez indigne des droits accordés aux autres citoyens? Ne suis-je point né sur le sol de la France? N'ai-je pas, comme tous mes frères, un cœur, une âme, une intelligence? — Non, il faut que tu vives en ilote! C'est un grand malheur que ton ordre ait survécu aux autres ordres religieux que la Révolution a pulvérisés. Ta parole est un souffle impur, qui sème la superstition dans les esprits. Être nuisible à la société, tu t'engraisses de ses sueurs! — Ses sueurs? je lui donne les miennes, à cette société : je l'ai prise aux langes avec une sollicitude paternelle, et je l'ai baptisée. Puis, à mesure qu'elle grandissait, je l'ai soutenue dans sa marche; les sciences qui l'ont éclairée, les arts qui ont contribué à son bien-être, elle me les doit. L'or que je recevais d'une main, je le répandais de l'autre, et il devenait une semence de blé pour le pauvre, ou un germe de merveilles pour les beaux-arts. — Imposteur ! tu nageais dans l'opulence, tu étais fier, ambitieux, et tu éclaboussais la foule ! — Oui, j'ai été riche et en splendeur jusqu'à m'asseoir sur la première marche des trônes ; mais ayant perdu toutes ces pompes, je me suis résigné en disant : Le Seigneur me les avait données, il me les retire ; que son saint nom soit béni ! Redescendu dans la foule, je continue d'être le consolateur des malades et des affligés ; tandis que vous inventez, ou plutôt que vous ressuscitez de brillantes théories sur l'amélioration des destinées humaines, vous ignorez le véritable remède des douleurs et des plaies sociales. — C'est toi qui ignores ce remède, et non content de ton ignorance pour toi-même, tu la communiques aux esprits faibles, tu les aveugles et tu les fanatises. — Si nous comparions nos œuvres et les résultats de nos doctrines, la balance ne pencherait-elle pas de mon côté ? Vos principes conduisent au doute, du doute à l'incrédulité, de l'incrédulité au vice : or, du vice au crime il n'y a qu'un pas. Un homme imbu de vos sophismes rompt tous les liens qui l'attachent à ses devoirs ; il se matérialise et ravale son existence jusqu'à la condition de la brute. Il ne lui reste que l'amour de lui-même et il perd celui de la famille et de la patrie ; car à quoi bon s'intéresser aux choses qui dureront plus longtemps que nous, et pourquoi sacrifier au bien-être général son cœur et ses pensées, si l'horizon de l'avenir se borne à celui de cette vie éphémère ; si, au-delà de ce monde injuste et aveugle, une récompense n'attend pas la vertu oubliée, le génie méconnu ou persécuté? Sous l'influence de vos doctrines s'étend de toutes parts le désenchantement : les âmes se flétrissent, les imaginations s'étiolent ; il n'y a pas jusqu'à l'adolescent sorti des bancs de l'école, qui, ayant sucé votre esprit de doute et d'incrédulité, ne se jette, pour s'étourdir, dans la débauche ou dans le suicide.

En admettant qu'il y ait des hommes que le prestige de

leur fortune aide à souffrir le ver rongeur de votre scepticisme, ignorez-vous que des millions de malheureux gagnent leur pain à la sueur de leur front, et ne possèdent, hélas! que l'espérance d'une autre vie pour supporter les amertumes de la terre? Le nombre de ces hommes dépasse excessivement celui des philosophes; ces hommes ont comme vous des passions, et des passions d'autant plus impétueuses qu'ils demeurent robustes dans leur misère, tandis que vous vous énervez dans les plaisirs des villes. Croyez-vous que s'ils ne respectaient plus Dieu, ces infortunés vous respecteraient vous-mêmes? Croyez-vous que, s'ils ne redoutaient plus le remords de la conscience, ces indigents, qui sont tristes et qui ont faim, n'envahiraient point votre maison opulente et pleine de joie? N'auriez-vous pas à craindre que le manœuvre ne vous dise : « Labourez les champs vous-mêmes! A mon tour d'être le maître, à votre tour de me nourrir! » Eh bien! tandis que vous me lancez l'anathème, j'éteins mystérieusement la torche qui incendierait votre maison; j'arrête le bras qui volerait votre or, et qui, pour le voler, vous assassinerait. Et comment viens-je à bout de rendre le tigre doux comme l'agneau, de réfréner les convoitises de la concupiscence, de faire perdre aux pauvres l'envie de vos richesses? En le civilisant avec les paroles de l'Évangile, ce code divin, auprès duquel tous vos livres ne sont que de la vanité et du néant; l'Évangile, cette source toujours pure et toujours féconde, où vos devanciers dérobèrent le petit nombre de ces paillettes précieuses clairsemées dans les alliages de leur philosophie. Ma doctrine n'est-elle pas, plus que la vôtre, le soutien de l'ordre social?

Le prêtre, à vous entendre, est parjure à l'Évangile, en s'occupant des choses de la terre ; car il ne doit s'intéresser qu'aux biens du ciel.

Mais pourquoi le prêtre s'occupe-t-il des choses du ciel?

Est-ce pour lui seul? Non; il ferait preuve d'égoïsme, l'égoïsme, cette plaie morale du monde, que l'Évangile fut destiné à guérir. C'est pour le service des hommes, ses frères, que le prêtre ici-bas, détaché des choses du temps, ambitionne l'éternité. C'est pour tous les hommes réunis en société qu'il se consume en bonnes œuvres et en prières. Son ministère lui impose le devoir de visiter toutes les douleurs, toutes les misères humaines, de les soulager physiquement et spirituellement; n'est-il pas juste qu'en récompense de ce devoir, il ait le droit de s'enquérir d'où proviennent ces misères et ces douleurs? Que dis-je? n'est-il pas nécessaire qu'il connaisse la cause du mal, pour paralyser ses effets? Le médecin étudie le corps du malade avant de le guérir. Le prêtre, ce médecin spirituel, ne peut travailler à la guérison, ni même au soulagement des maladies particulières de l'âme, qu'en étudiant l'organisation morale de l'individu, et il doit plonger ses regards et porter sa main dans l'organisation sociale, pour procéder à la guérison ou au soulagement des maladies publiques. L'organisation morale de l'individu n'est-elle pas subordonnée à l'influence des coutumes et des lois, des mœurs pures ou corrompues qui l'entourent? De même, l'organisation sociale d'un peuple n'est-elle pas subordonnée à l'influence des hommes qui le gouvernent? Or, si les fonctions publiques sont mal administrées; si les agents civils et politiques d'une nation la laissent se démoraliser, ou lui donnent eux-mêmes l'exemple de la corruption, soit par leur conduite, soit par leur tolérance, soit par l'apologie des principes irréligieux qui tuent les empires; le prêtre, ce surveillant des intérêts spirituels de l'individu, de la famille, et par conséquent de la société que l'individu et la famille composent, n'a-t-il pas le droit de s'occuper de la chose publique, à l'exemple du médecin qui veut, sinon remplacer les mauvais gardiens du malade, du moins contre-balancer par ses offices la négligence ou les soins étourdis de ces derniers? Oui, la mission du prêtre est de se consacrer aux choses célestes, non dans l'intérêt de lui seul, mais dans l'intérêt de la société. Lorsqu'en mer éclate une tempête, les officiers du vaisseau feraient-ils mieux de rester dans leur chambre, que de monter sur le tillac pour diriger les mariniers? Ainsi, lorsque le navire social, battu par l'ouragan des révolutions, se précipite en détresse dans l'épouvantable abîme sans fond du néant, le gardien du salut de ses semblables ne doit-il pas chercher une place à leur tête parmi le danger? Comment! cet être, dévoué par amour à la mission de se lever à toute heure de la nuit, de marcher à toute heure de la journée pour secourir les malades et les affligés, pour accompagner l'homme dans toutes les phases principales de la vie, du berceau à la tombe; cet être, dont l'unique passion est la charité, n'aurait pas droit de s'élancer hors de la solitude, les yeux levés en haut vers Dieu, une main sur son cœur et l'autre tendue en pitié vers la terre, alors que gronde à tous les horizons un de ces bruits lugubres qui frappent l'âme du sage d'une navrante tristesse en lui présageant l'agonie intellectuelle du monde! Oui, le prêtre ne doit se mêler que des choses célestes; mais son devoir ne lui impose-t-il pas l'obligation de les prêcher aux hommes? Jésus-Christ n'a pas dit aux apôtres: Je vous confine la prédication de l'Evangile dans tel lieu. Il leur a enseigné: « Allez et prêchez par toute la terre. » N'ajouta-t-il pas: « Que le bon pasteur coure après la brebis et la ramène au bercail.» Or le monde, cette brebis égarée, ayant déserté l'Eglise à la voix fallacieuse du philosophisme, le ministre de l'Evangile se contentera-t-il de faire retentir sa parole dans la nef vide des temples? Lui, destiné à éteindre les dissensions du foyer domestique, à être l'arbitre des différends particuliers, devra-t-il se refuser au pénible exercice de cette mission, lorsqu'au lieu de pacifier les troubles d'une famille, il s'agit d'arrêter l'explosion sanglante des guerres civiles, auxquelles préludent les esprits par l'anarchie intellectuelle qui les tourmente? Puisque la foule abandonne l'église pour la place publique, pourquoi le prêtre n'irait-il pas, tour à tour, de la chaire à la tribune? Le philosophisme vient de s'écrier en développant son argument favori : « Le prêtre ne doit pas s'occuper des choses « de la terre. En s'en occupant, il se détourne de ses de- « voirs religieux, il relâche les liens de la discipline. Ce « n'est pas dans le tumulte des affaires publiques que la « semence de l'Evangile porte des fruits, mais dans la « paix des campagnes, dans les solitudes de la cure et du « village. »

O philosophisme, toi qui conspires follement la mort de ce qui est immortel; toi qui, détestant l'Eglise, feins de protéger ses destinées, je vais te répondre comme si tu avais parlé de bonne foi. Le baume renfermé dans la fiole ne guérit point les blessures; le blé enseveli dans le grenier n'ensemence pas les champs; et parce qu'il croît en sûreté au bas des coteaux, où il s'abrite contre l'aquilon, est-ce une raison pour ne pas le semer sur le flanc des montagnes? Est-ce une raison pour ne point dessécher les marais, pour ne pas défricher les landes? De même, pourquoi la parole qui civilise le hameau ne serait-elle pas semée dans les régions de la politique, sur ces hauteurs exposées aux tempêtes? Si la croix est éloquente au fond des humbles vallées, au bord de la source obscure, sur les pelouses, ou dans la boucheture des chemins, n'est-elle pas plus éloquente encore, n'est-elle pas sublime sur la crête des rocs, au penchant des précipices? Ce sont les lieux mauvais et corrompus que le laboureur doit épurer et fertiliser, afin que les troupeaux n'y broutent pas une herbe vénéneuse, n'y respirent pas un air pestilentiel.

Si le prêtre cessait d'agir, la religion, cette âme du monde, remonterait aux Cieux, et les nations brisées s'abîmeraient dans la mort. Mais vos clameurs n'arrêteront pas la marche de ce ministre de la vérité divine. Il a commencé sa route avec le monde chrétien qu'il conduit, et ce n'est qu'avec ce monde qu'il la finira. Il a vu passer toutes les races, tous les peuples, toutes les dynasties; et après avoir baptisé leurs berceaux et béni leurs tombes, il a marché toujours. Il porte jusque dans ses vêtements le deuil des péchés qui ont causé le trépas des empires. Il ne peut quitter cette robe de deuil; car depuis qu'il voyage par tous les chemins de la terre, l'humanité ne lui a pas laissé un seul jour, une seule heure, une seule minute de trêve; une seconde ne se passe point sans que l'humanité ne soit tourmentée dans le vice et dans le crime, dans la misère et dans la douleur. Vous qui reprochez au prêtre de ne pas ressembler aux autres citoyens, en portant toujours ce vêtement lugubre, peut-être qu'en ce moment où je vous parle, germe, à votre insu, au fond de vos cœurs, une de ces pensées qui enfantent les actions dont le prêtre doit porter le deuil. Le prêtre vous crie par ma bouche : J'apparais dans les rues, sur les places publiques, comme une leçon incarnée, comme une muette prophétie aux corruptions de vos villes. Ma présence dans les maisons d'où vous voulez me bannir est un avertissement redoutable et funèbre aux vices et aux crimes qui s'y cachent. J'enseigne au monde à passer avec décence et austérité dans la vie d'ici-bas, dans cette large et longue voie de l'épreuve, où rien ne se dérobe à la voix de Dieu, de même qu'aucun objet ne se dérobe aux traits du soleil sur ces grandes routes solitaires et nues qu'il éclaire sans aucune ombre.

Détracteurs du prêtre, écoutez!

La profonde et vaste chute de l'empire romain, qui écrasa dans ses débris tant de générations, n'a pas écrasé le ministre de Dieu, le dépositaire de la tradition des anciens jours. Les barbares, qui couvrirent l'univers de leur déluge, n'engloutirent pas ce sublime voyageur ; mais, au contraire, leurs vagues humaines, si tumultueuses et si indomptées, s'écoulèrent où il voulut, car elles le comprirent aveuglément, comme les eaux de la mer comprennent Jehovah ! Pourtant le prêtre n'était pas plus fort contre elles que ne l'est contre l'océan le grain de sable qui l'arrête ; mais les nouvelles nations sentirent que ce nouveau prophète leur était nécessaire pour les guider vers leurs nouveaux déserts. Et ce guide religieux, sans lequel les peuples, même païens, n'ont jamais pu marcher, vous prétendez lui barrer le passage par vos sophismes ? Folie ! vanité ! néant ! Depuis dix-huit siècles qu'il franchit des précipices, comment ne franchirait-il pas ce torrent de vos agitations éphémères, qui sera aussitôt tari qu'un ruisseau d'orage ? Bien longtemps après que les peuples vivants aujourd'hui seront morts, le prêtre marchera toujours de l'orient à l'occident, du midi au septentrion, pour baptiser le berceau des hommes et bénir leur tombe. Et quand la dernière heure des siècles aura sonné, le prêtre, qui ouvrit la route au monde, la fermera ; car à leur couchant, ainsi qu'à leur aurore, les flots du monde s'achemineront docilement devant lui, comme les troupeaux devant le berger. Et ce pasteur du genre humain survivra à la dernière famille pour fermer les yeux au dernier des pécheurs.

III.

LETTRE A UN JEUNE DIACRE.

Mon cher Jules, je me hâte de vous accuser réception de votre lettre, afin de vous dire que je termine aujourd'hui avec vos bonnes sœurs une neuvaine à votre intention, et que je ne cesserai pas de m'unir à vous encore, d'une manière toute spéciale, pendant votre retraite : je vous recommande surtout à la protection de Saint Alphonse de Liguori, dans mes prières et à mes communions : invoquez-le ardemment de votre côté, car ce grand saint, à son titre d'évêque, avait une sollicitude profonde pour les jeunes lévites, et a quitté ce monde dans un temps où les besoins de l'église militante et les épreuves du clergé commençaient à se déclarer tels qu'ils sont encore aujourd'hui. Je ne doute pas qu'il ait, dans la gloire, une prédilection marquée à l'égard des élus du Seigneur qui se disposent, comme vous, à entrer dans le sacerdoce : et puis je ne sache pas que l'on se soit adressé à lui, sans être secouru, ici où on le vénère particulièrement. Adressons-nous aussi à Saint Martin, patron de l'Église où vous avez reçu le baptême, et fortifié par l'assistance de ces deux saints pontifes, espérons que le pontife éternel, selon l'ordre de Melchisédech, vous remplira de ses lumières et de son amour. Oui, mon cher cousin, j'ai appris avec joie la bonne nouvelle de votre prochaine ordination ; mais la lecture de votre lettre augmente cette joie, puisque vous éprouvez de si bas sentiments de vous-même : car, vous le savez mieux que moi, le Seigneur aime à rencontrer des vases vides afin d'y répandre toute l'effusion de ses grâces.

Mais, mon cher ami, *possédez votre âme* dans la crainte qui est le commencement de la sagesse, et ne vous laissez pas aller à ce trouble qui empêche l'amour divin d'approcher de votre cœur, et d'y régner seul en maître : car c'est bien assez de nous tenir convaincus de notre néant; ne cédons pas aux subtils assauts de l'ennemi qui voudrait nous décourager, en nous poussant, dans la peur de notre indignité, plus loin que la grâce ne l'exige de nous pour s'assurer que nous voulons sincèrement devenir ses coopérateurs. Tout ce que le bon JÉSUS demande de nous, c'est l'humble et ferme désir de correspondre à ses desseins. Heureux captif de ce désir ! chassez donc loin de vous les scrupules de la vaine crainte : et puisque votre lampe est allumée, ne redoutez pas la visite de l'Epoux.

Le démon entreprendra peut-être, s'il ne l'a déjà fait, de vous environner des tentations du désert, de vous montrer le monde sous un jour séducteur. Dans ce cas, ne vous rappelez pas seulement les livres où il est surabondamment démontré que le prince du monde est un menteur : pensez à moi, mon bon ami, comme à un pécheur qui a vu, touché ce monde du haut en bas, et qui peut vous certifier que ce qu'il y a de mieux en lui, ne vaut rien. Vive et vive toujours Jésus-Christ ! mon cher Jules, car en lui seul il y a réellement *la vérité et la vie.*

Que cela est vrai ! que cela est beau ! Voilà la source des eaux jaillissantes où le monde ne veut plus boire, pour être guéri : et bientôt, mon cher Jules, comme votre divin maître, vous enseignerez aux hommes toutes les vérités contenues dans cette vérité. Il ne m'appartient pas de vous dire, moi pauvre atôme perdu dans le monde, condamné à mourir dans le monde, *combien vos pieds* doivent être *beaux sur la montagne,* combien vos mains doivent être pures ; mais j'aime à vous dire que je serai heureux de vous y entrevoir du fond de la vallée, vous élevant de colline en colline, de sommet en sommet, sur la trace des parfums de celui dont Jerémie disait : *Numquid non est balsamum in Galaad* (1) ! Que vous êtes heureux, mon cher Jules, d'avoir été appelé à distribuer vous-même, aux hommes de bonne volonté, ce baume ineffable qui est Jésus-Christ dans le sacrement, comme s'exprime le vénérable Bède ! Que vous êtes heureux d'être appelé à nous dire, au nom de votre Maître que vous recevrez, que vous porterez chaque jour, dans votre cœur : *Venite ad me, omnes qui laboratis..... ego reficiam vos* (2). Que le Seigneur vous comble de ses bénédictions les plus exquises ; qu'il vous fasse connaître intimement ses douceurs les plus ravissantes, et puissiez-vous toujours devenir tellement ivre de lui-même, que cette sainte ivresse se communique et se propage autour de vous, car, hélas ! aujourd'hui, comme du temps de saint Paul, le monde connaît et savoure toutes les folies, excepté celle qui chasse toutes les folies de l'enfer, et procure aux âmes où elle pénètre et dont elle s'empare souverainement, ici bas-même, un avant-goût des joies éternelles.

IV.

SUR LA DOUCEUR CHRÉTIENNE.

« Il y a des gens qui s'imaginent que la DOUCEUR n'est qu'une faiblesse : ils se trompent singulièrement, ou, pour mieux dire, ils ne connaissent pas ou ils connaissent mal la lumière de la Vérité. Il faut être doué, au contraire,

(1) Est-ce que le baume ne se trouve point dans Galaad ?

(2) Venez à moi, vous tous qui souffrez, et je vous soulagerai.

d'une force immense pour être doux. La douceur est le cachet de la véritable force, et tout, dans la création, sans qu'on y réfléchisse, nous l'enseigne. Quoi de plus doux que le jour? Quoi de plus doux que le crépuscule des belles nuits? Que l'on écoute, tant que l'on voudra, le chant des oiseaux; que l'on considère les astres du firmament; que l'on prête attention à tout le travail du monde physique qui suit le mouvement des saisons, qui produit et enfante les œuvres que Dieu destine à l'utilité de l'homme, tout y porte l'empreinte de cette main divine dont il est écrit, dans nos Livres Saints, qu'*elle atteint tout avec force et avec douceur d'une extrémité jusqu'à l'autre*. Il n'y a pas d'impétuosité dans la course du soleil, et la fleur ne fait pas de bruit pour ouvrir son calice et vous envoyer son parfum. Il est vrai que nous comptons, dans la nature physique, des ouragans, des maladies, des volcans ; mais nous les *comptons*, lorsque nous en sommes assaillis, tandis que les phénomènes qui se font sentir en nous par la DOUCEUR sont innombrables. Et c'est avec douceur, et comme en silence, que la santé, dans l'homme, quand il plaît à Dieu, chasse insensiblement la violence de la maladie; c'est avec un calme plein de douceur et de majesté que les cieux et la terre sortent victorieux des orages, aussitôt que l'arc-en-ciel nous annonce que le Dieu de Noé n'a pas oublié son alliance. A plus forte raison cela est-il vrai dans l'ordre moral, dans le domaine mystérieux, profond et immense du cœur de l'homme, où le péché seul fait des désordres et soulève des séditions dont les tempêtes de la nature matérielle sont d'instructives images que le monde ne veut plus comprendre. C'est pourquoi il ignore que si la DOUCEUR est le caractère général de toutes les beautés de l'âme qui prend pour modèles les Anges et les Saints, elle est aussi, cette DOUCEUR, bien entendue, bien pratiquée, le remède souverain des maux;

car elle est plus forte que les fureurs liguées pour l'ébranler et la rompre.

Un jour, aux environs de Paris, j'entrai dans une église où la seule chose qui me frappa fut, soudain, un vieux tableau, relégué dans un coin, derrière une porte. Il représentait une scène du Calvaire : quatre bourreaux clouaient les pieds et les mains de N.-S. L'un d'eux tenait son genou appuyé sur la poitrine où battait le Cœur rempli d'un amour plus fort que la mort. Une populace effroyable s'agitait autour du supplicié adorable ; les uns ouvraient la bouche pour vomir le blasphème, les autres montraient des poings crispés ; enfin, tout était comme tourné à la tempête sur cette toile séculaire, excepté un seul point qui était le visage de Jésus!... La DOUCEUR y éclatait ; l'innocent ne murmurait pas ; la victime restait calme. Quel trait de génie tombé du pinceau de ce vieux peintre! Quel éclair de vérité! Tout l'Evangile rayonnait sur ce petit morceau de toile méprisé. Je compris mieux que jamais la force invincible de la DOUCEUR qui ne se trouble pas..... »

V.

SUR LA PATIENCE CHRÉTIENNE.

.... L'âme reçoit ses combats de Dieu, du démon, ou du prochain. Tantôt, c'est Dieu lui-même qui, voulant lui donner une beauté supérieure, une pureté suréminente, met la main sur elle, et l'âme exerce la vertu de patience, en ne murmurant pas contre l'épreuve venue de Dieu ; tantôt, c'est du démon que lui arrive le coup : il se nomme tentation, et l'âme exerce la vertu de patience en ne se laissant pas séduire; le plus souvent, que le souffle qui passera sur l'âme pour éprouver sa fidélité descende du ciel ou que la tentation sorte de l'enfer pour la perdre, le prochain, fils, père, mère, frère, sœur, ami, étranger même sert d'instrument à la volonté du Seigneur qui nous *châtie parce qu'il nous aime,* ou à la perversité de Satan, qui nous flatte parce qu'il nous hait.

Quand donc nous voyons le prochain devenir contre nous cette épreuve, cette tentation vivante, notre âme exerce la vertu de patience en ne le haïssant pas. C'est pourquoi, aussitôt que vous sentirez dans vos nerfs le petit frisson avant-coureur de l'impatience, vite, sans vous émouvoir intérieurement, regardez dans votre cœur quelle forme prend l'*ennemi* que l'impatience y amène pour en chasser la paix; et que ce soit le murmure, que ce soit la séduction, que ce soit la haine, peu importe; déjà même le trouble serait-il passé dans vos sens, dans votre esprit, ne vous inquiétez pas; dites seulement de toutes vos forces en vous-même : *Je ne veux pas m'impatienter, je refuse de céder à ce murmure. Je ne consens pas à être séduite. Je ne haïrai pas.* Puis, comme enveloppée dans votre volonté, laissez passer l'épreuve, laissez la séduction déployer autour de vous ses mauvaises pensées, ses chatoyantes couleurs de serpent, laissez l'indignation expirer en vous aux limites où la partie sensitive finit, où l'âme immatérielle et immortelle commence; et, en vérité je vous le dis, votre âme sans doute, comme la mienne, comme toute âme qui n'est point entrée dans le port du salut éternel, sera toujours plus ou moins assaillie par les flots du monde, comme la barque du pêcheur est agitée par les flots de la Saône ou de la mer; mais JÉSUS, JÉSUS le bien-aimé de mon cœur, viendra jusqu'à vous, au milieu de la tempête, dès qu'il verra que vous la subissez sans impatience. Il montera dans votre barque et il se fera en vous une paix joyeuse. « Comment cela pourrait-il s'expliquer, « dirait le monde? Soyez dévot tant que vous voudrez, mais « ne prétendez pas que la paix qui découle de la patience « soit joyeuse! c'est bien assez de se résigner aux tribu- « lations : s'en réjouir, c'est autre chose. » Ainsi pense, ainsi parle le monde. Les chrétiens eux-mêmes, le plus souvent encore, partagent ce préjugé contre la patience, non pas en la discréditant, car ils l'exaltent, ils la prêchent; mais en ne croyant pas qu'elle cache sous son âpreté une source de délices : c'est tout simple, puisque cette vertu essentielle est la dernière qu'ils cherchent à connaître à fond, en la pratiquant bien.

J'ai été moi-même le plus impatient des hommes, et la vertu de patience, hélas! n'existe encore en moi qu'à l'état d'ébauche très-imparfaite; mais il m'a été donné de goûter sensiblement à son fruit, et ce fruit est si suave que ne pouvant pas vous envoyer, dans cette lettre, une orange pour vos étrennes, je me suis permis de vous parler de la patience, de vous faire aimer et désirer la vertu de patience.

Beaucoup de personnes vertueuses vous disent avec découragement : « Nous avons beau demeurer fidèles à nos devoirs de religion, nous avons beau chercher la force dans la fréquentation des Sacrements, nous sentons bien que nous n'avançons pas. Malgré nos efforts et notre attention, notre humilité végète, notre chasteté est chagrine, notre charité languit. » C'est vrai; et tandis qu'elles s'exténuent en recherches inutiles, ne se préoccupant que de découvrir en elles de grosses énormités qui leur sont étrangères; tandis que leur père spirituel emploie toute son étude à les aider dans cette recherche immense, la solution de la difficulté est comme enclose dans un point imperceptible de leurs défauts. Elles le connaissent bien; mais elles ne peuvent s'imaginer que là est le ver microscopique qui, logé dans la sève de leurs vertus, les tourmente, et, sans les détruire, les désorganise peu à peu, et est cause qu'elles s'étiolent. De là aussi ces âmes en elles-mêmes n'ont pas la paix véritable, et, au dehors, leur piété, pourtant réelle, n'édifie pas. Qu'est donc ce point oublié, négligé dans leur naissance à la Grâce et dans leur croissance spirituelle? Qu'est donc ce ver qui l'arrête, cette croissance? vous le devinez : c'est l'impatience que nous avons *pour des riens, pour des bagatelles*. Tout prêts que nous sommes à nous montrer patients dans une grande peine, en l'attendant, nous gaspillons, nous énervons nos forces morales à nous impatienter au milieu *des plus petites misères*, parce que notre enfant crie, notre domestique laisse une porte ouverte ou la ferme trop fort ; parce que une visite nous arrive quand nous désirons être seul, parce que..... etc., etc.; placez ici tous les exemples équivalents que vous voudrez, et tous confirmeront cette vérité. Nous oublions de la sorte que le moyen le plus simple et le plus sûr d'être fidèle à Dieu dans les grandes choses, c'est de ne pas négliger de lui rester fidèle dans les petites.

Il en résulte que le Seigneur ne nous établit pas dans l'abondance des biens promis à celui-là même qui n'aurait exercé sa charité qu'en donnant de bon cœur un verre d'eau froide au prochain, *en mon nom*, dit JÉSUS notre Sauveur; et ce prochain ne manque jamais d'oublier la poutre qui est dans son œil pour signaler la paille qui est dans le nôtre. Qu'on lui objecte à notre sujet, s'il nous accuse, s'il nous critique, à son titre de parent, d'ami, etc. : « *Vous avez tort; car enfin, cet homme a des qualités éminentes; cette femme a des vertus incontestables : elle est bonne, elle est prudente, elle n'a point de ruses dans le cœur.* » Ce prochain vous répondra : « *Ah! si vous saviez comme il s'emporte, comme elle est prompte à s'impatienter!*

Tenez, ces chrétiens ne sont pas meilleurs que nous ! » Ainsi, nous manquons au précepte de l'apôtre qui nous recommande de nous conduire, parmi les gens du monde, (*autrefois les gentils*), d'une manière sainte, afin qu'au lieu qu'ils médisent de nous, comme si nous étions des méchants, les bonnes œuvres qu'ils nous verront faire les portent à rendre gloire à Dieu au temps de sa visite. (I. Pet. II.) Donc, notre mission, notre vocation à tous, est d'instruire le monde, de l'éclairer, de le confondre par l'invincible éloquence de nos bonnes œuvres ; mais les bonnes œuvres supposent les vertus et sont plus ou moins efficaces selon que nos vertus sont plus ou moins parfaites...

—Voyez ce philanthrope du monde, occupé précisément au coin de son feu à écrire en faveur des classes pauvres? La sonnette vibre avec un peu de violence : le voilà tiré en sursaut de son utopie de charité ; il se lève impatienté, il court vers la porte : — « Qui est là, gronde-t-il entre ses dents ? — Monsieur, je suis pauvre. — *Butor !* pourquoi tirer si fort le cordon de ma sonnette ? — Monsieur, j'ai faim, mes enfants ont froid. » — Si le philosophe, qui ne cesse jamais, dans les soirées où on l'écoute, de dénigrer la religion catholique en disant bien haut qu'il n'est pas besoin de pratiquer ses commandements pour être sensible aux maux du prochain, se laisse toucher par ce pauvre, toute sa charité consiste à se hâter de lui donner quelque monnaie, et, vite, il le congédie ; car il craint un rhume, il craint de perdre ses idées. Ce bruit de sonnette fait encore vibrer ses nerfs ; il est bourru, il s'ennuie d'avoir été dérangé pour *si peu !* Quelle que soit la parcimonie ou la largeur de son aumône, elle soulagera le pécheur déguenillé qui la lui a demandée ; mais ce soulagement sera tout matériel ; elle ne portera pas de fruit dans son cœur ; la reconnaissance n'y germera pas, ou elle y sera bientôt étouffée par l'envie, par la haine. Le pauvre, imparfait comme le riche, oubliera rapidement cette monnaie, ce fagot, ce vêtement ; et il verra toujours en esprit cette main crispée par l'impatience, ce visage contrarié, cet air pressé d'en finir ; et le mot *butor* sera la sonnette qu'il entendra longtemps à son oreille. Ce riche *généreux* n'a pas accompli le précepte qu'il ne connaît point : « Exercez entre vous l'hospitalité *sans murmure.* »

Cet exemple suffira pour vous montrer toute la différence d'une vertu naturelle ou mondaine et d'une vertu de la grâce ; car il y a dans le monde des gens qui sont charitables par amour-propre, comme il y en a qui sont naturellement sensibles. Ceux-ci sont doux ou colériques, ceux-là sont sobres ou gloutons par tempérament. Il en résulte que vous n'avez pas été sans vous apercevoir que tel *monsieur* ou telle *madame* présentait à vos yeux, dans son caractère et dans sa conduite, de singuliers contrastes.

Cet homme qui sera doux avec ses parents, avec ses amis, aura secrètement des mœurs dissolues ; cette femme qui ne tombe pas dans le piége tendu à sa vertu conjugale, cède vite à la colère ; ce jeune homme gourmand n'entendra pas, sans déplaisir, une langue maligne entamer la réputation de son ami ; cette jeune fille qui mange peu est le supplice de la société par son bavardage ; cette dame orgueilleuse ne souffrirait pas dans sa société une conversation blessante pour la pudeur ; ce monsieur est prodigue et menteur ; cet autre ne se permettra jamais de vous tromper par son langage ; il a de la modestie, mais il est avare. Voilà le monde ; ses vertus mêlées de vices ressemblent à ces fleurs sauvages, ou pompeusement cultivées dans les jardins, et dont les unes ont un calice éclatant et inodore, dont les autres exhalent un parfum âcre à vous rendre malade, si, trompé par la ressemblance de leurs formes, vous les prenez pour des plantes salutaires en guise de remèdes. Cependant, de même que l'herboriste expérimenté ne s'y trompe pas, les *vrais* chrétiens ne sauraient confondre les vertus stériles ou nuisibles du monde avec les vertus fécondes et vivifiantes de la grâce.

Du reste, voici un trait de séparation inflexible et ineffaçable qui les distingue. Etudiez les qualités des gens du monde que l'on vous vantera, et vous remarquerez que la sobriété de celui-ci, que la douceur de celui-là, n'ont aucun mérite, et ne sont pas de vraies vertus, parce que toutes les vraies vertus, ou naissent et se développent, ou se maintiennent et se perfectionnent par la *patience*, tandis que cet incrédule, qui est doux par tempérament, s'emporterait contre nature, s'il lui fallait quitter son vice secret, pour devenir à la fois sobre et colérique; tandis que cet impie serait désolé à la seule pensée de substituer à sa générosité vaniteuse la timide modestie de l'avare, qui, l'œil ou la main vers sa bourse, s'efface devant tout le monde et n'attaque la susceptibilité de personne. Enfin, les gens du monde se plaisent dans leurs qualités comme dans leurs défauts : ayant reçu les premières de la nature, comme l'animal reçoit les siennes, ils n'ont pas plus droit de s'en prévaloir, que le cheval, le chameau ne pourraient être fiers, celui-là de son agilité élégante, celui-ci de n'avoir besoin que d'une poignée d'orge pour marcher plusieurs jours, malgré l'immensité de son corps et le poids des bagages. De même le rossignol n'a pas le moindre mérite à nous charmer par sa musique, qu'il n'a pas eu la peine d'étudier et d'apprendre.

Supposons, au contraire, ces gens du monde convertis à la foi, quel changement! Plus de désaccord dans la conduite de cette dame entre l'orgueil et la chaste susceptibilité de son oreille. L'orgueil est écrasé, et sa pudeur sèche et raide reçoit, de la vertu d'humilité qu'elle pratique, une douceur qui attire les âmes déjà pieuses et apprivoise les plus mondaines. Ce *monsieur* qui était prodigue devient facilement charitable, et sa patience, aux prises avec son faible, qui est de mentir, l'aura bientôt corrigé. Ce jeune homme, ayant vaincu sa gourmandise qui le faisait mépriser, sera respecté de ceux qui l'entendront flétrir, par une courageuse parole, la calomnie ou la médisance. Cet incrédule, délivré de son vice caché, n'aura plus cette douceur fade et sensuelle, dangereuse pour les uns, inutile pour les autres. Fortifié en Jésus-Christ, sa douceur deviendra forte et magnanime; au lieu de tendre aux âmes les piéges de l'oiseleur, il leur jettera le filet de saint Pierre, il les sauvera du monde où auparavant il les corrompait. Sans doute tous les chrétiens convertis ne vous sembleront pas régénérés totalement dans cette mesure parfaite; mais, par leur faute, et pour n'avoir pas fait l'usage convenable de cette vertu de la patience.

C'est elle, la vertu dédaignée, négligée, méprisée, redoutée, qui, jointe à la vertu du zèle, nous conduit à la perfection; parce que *la vie de l'homme sur terre étant un combat,* nous dit Job, ce héros de la patience, il faut à l'homme tout à la fois des armes offensives et des armes défensives. Le zèle est notre lance : il perce devant nous les obstacles ; la patience est notre bouclier : il nous préserve des chocs, il amoindrit la vigueur des coups, il émousse les pointes des glaives. Et pourquoi tant de chrétiens succombent-ils dans la mêlée des passions, des erreurs, des vices qui nous attaquent, et qui, au lieu de nous vaincre, doivent être nos victimes? Parce qu'ils ont pris étourdiment leur lance à deux mains, au lieu d'employer leur droite à la tenir, et l'autre à ne pas abandonner leur bouclier. Qu'il soit donc toujours posé sur notre cœur, ce bouclier de la patience, et, à son ombre, nous trouverons une paix aride d'abord, qui peu à peu deviendra onctueuse.

Voici le moment de vous expliquer ce que le monde déclare impossible : la paix joyeuse trouvée dans la patience. Quel incrédule, élevé jusqu'à l'âge de raison dans un souterrain, ne se moquerait pas de moi, ou ne me reprocherait pas de l'insulter grossièrement, si, là où ses yeux seraient occupés à admirer, à la lueur d'une lampe, un beau paysage peint sur toile, lui apportant un peu de terre entre mes mains, je lui disais : « Voilà la substance nutritive de ce chêne « colossal, de ce peuplier majestueux, de ces grands saules « si flexibles et si verts. — Comment ! s'écrierait-il, cela « est incroyable, allons donc ! — Et ces arbustes si délicats, « ces fleurs si fraîches, ce gazon si riant, *mangent*, pour « naître et pour croître, cette matière qui n'est belle ni « en sa forme, ni en sa couleur. — Jamais vous ne réus« sirez à me faire digérer cette monstrueuse imperti« nence. » Que si, pour mieux le convaincre, lui montrant, après l'avoir coupée sur les neiges de vos collines, une branche de sarment, je lui disais : — « Tenez ! c'est de ce bois sec planté dans la terre que surgira en réalité une grappe pareille à l'image qui est peinte sur votre tableau. » — Cet incrédule hausserait les épaules. Ainsi du monde en face du Christianisme ! Il consent à dire : *Oh ! c'est bien beau ! L'Évangile est sublime !* etc., etc. Mais, obstinés à ne pas sortir de la prison de leurs sens, et ne voulant rien voir qu'à la lueur tremblotante de leur raison abâtardie dans leurs passions grossières, ces esprits forts du monde se contentent du Christianisme imprimé sur le papier, ou peint sur toile, ou découpé par épisodes, en figures coloriées. Non seulement sa réalité pratique les épouvante ; mais croyant fou celui qui leur soutiendrait que l'on se trompe en comptant quatre saisons dans l'année et dans la nature, et qu'il est absurde de prétendre que l'hiver est utile en couvant la sève qui donnera ses fleurs au printemps, ses moissons à l'été, ses vendanges à l'automne, ils trouvent ridicule, ou exagéré, ou impossible que l'on découvre autre chose qu'une longue et rude et lamentable saison d'hiver, dans l'année, dans la vie, dans la nature du Christianisme catholique, le seul véritable. Cependant, vous le savez, il suffit de pratiquer notre sainte religion en esprit et en vérité, pour être convaincu que ces esprits forts sont d'une ignorance profonde. Autant l'économie du système immuable des vertus chrétiennes leur paraît un entassement de phénomènes chimériques, insupportables à leur raison enténébrée par le péché, autant son examen sérieux, son analyse réfléchie, satisfait, persuade et ravit un entendement pur, ou une intelligence égarée qui cherche la lumière avec bonne volonté. Or, quelle est, pensez-vous, la place de la vertu de patience dans l'ordre ou dans le système divin des vertus morales de l'Eglise de J.-C.? Précisément la même que celle de l'élément aride nommé *la terre,* dans la création des plantes et des animaux : *Au commencement*, dit la Genèse, *la terre était sans ornements et toute nue, et les ténèbres étaient répandues sur la face de l'abîme.* Voilà bien, n'est-ce pas, l'image de la patience telle que les anciens la sentaient et l'entrevoyaient au milieu des ténèbres de l'idolâtrie ; et les gens du monde en sont là encore. Ils conviennent que la patience est le soutien, le fondement de toute chose dans la vie ; mais ils se désolent à la pensée de vivre sur cette terre de la patience qui leur apparaît *sans ornement et toute nue.* Car ils ne sentent pas que *l'esprit de Dieu* (comme ajoute la Genèse) *est porté sur les eaux;* c'est-à-dire qu'il plane sur les calamités dont la patience est environnée, et dont il finira par la séparer, en la rendant victorieuse, parce que ces épreuves, ces passions, qui nous abîment dans leur sein orageux, si nous ne sommes pas fondés en J.-C. sur la vraie patience, sont exactement figurées, et le monde avec elles, par cet amas d'eaux auxquelles Dieu commanda de se rassembler en un seul lieu sous le nom de *mers*, afin que *l'élément aride parût.* En effet la création du monde spirituel ou du nouvel Adam que nous portons en nous, édifié sur la patience, ayant le même Auteur que le monde physique, c'est la même parole, la parole de son Verbe qu'elle doit écouter, cette création vivante dans notre cœur, pour sortir du chaos. *L'aride* n'était pas, si les eaux ne l'avaient pas quitté. Le fondement de notre monde intérieur, la vraie patience, ne devra pas pactiser avec le monde pour en surgir et le dominer : il l'amollirait, il le délaierait. Au monde, le caprice, l'inconstance, la perfidie des vagues ; au monde, comme à elles, ces caressants murmures, qui tout à coup se tourneront en tempête pour nous briser, après nous avoir séduits. A la patience, au contraire, au milieu du monde, l'attitude et la force que prit *l'aride* au dessus des eaux. Dieu, continue le récit sacré, *vit que cela était bon*, et il dit encore : « *Que la terre pousse de l'herbe verte qui porte sa graine, et des arbres fruitiers qui portent du fruit selon leur espèce et qui renferment leur semence pour se reproduire sur la terre. Et cela fut fait ainsi.* » Donc, je n'aurais point trompé notre incrédule du souterrain, en lui proposant à croire que c'était de cette substance informe qui salissait mes mains, amère au goût, laide aux yeux, sans sonorité, sans éclat, que toute la nature, dont le tableau l'éblouissait, recevait l'être et la nutrition.

Or, je ne me tromperais pas davantage en disant à quiconque dédaignerait, négligerait, ignorerait la vertu de patience, ou redouterait de la pratiquer sérieusement, ou bien encore, tout en l'estimant, ne lui soupçonnerait pas une si profonde importance : « Supprimez le règne végétal : le règne animal expire ; supprimez la *terre :* le règne végétal est anéanti ; de même, dans le monde moral, supprimez la vertu de patience, et le règne entier des vertus périt! » Si elles ont toutes (j'en conviens et je l'éprouve) leurs racines dans l'humilité, l'humilité elle-même puise de la patience le suc des siennes. En effet, vous le comprendrez tout de suite : pas d'humilité sans patience; pas d'espérance sans patience; pas de charité sans patience; pas de justice sans patience; pas de miséricorde sans patience; pas d'obéissance, pas de foi, pas de chasteté sans patience. La belle vertu de douceur, qui est le parfum de toutes les fleurs du Paradis des vertus, cultivé par les anges dans les âmes saintes, tire elle-même son arôme exquis de la vertu de patience.

Que ce jardin secret est admirable!... La fleur de l'humilité y répand de toutes parts (car elle y est semée partout,) la senteur des violettes; la chasteté y exhale un parfum doux comme celui des lis; la charité tient la place des roses; mais la *patience* est la terre mystérieuse de ce jardin béni en J.-C. et son Eglise, où l'Epoux et l'Epouse se promènent unis avec délices!

FIN.

N. B. Le ciel paraît avoir favorisé J.-B. Leclère des dons les plus extraordinaires : j'ai trouvé même, dans ses papiers, des relations détaillées de plusieurs *visions*. Par respect pour les sages recommandations de la sainte Eglise, j'ai dû garder sur ce point la réserve la plus absolue. A Dieu seul l'avenir!...

A. R.

www.ingramcontent.com/pod-product-compliance
Ingram Content Group UK Ltd.
Pitfield, Milton Keynes, MK11 3LW, UK
UKHW012218240726
13966UKWH00003B/836

9 782012 399884